AF505405

Histoires Courtes en Finnois

Apprendre l'Finnois facilement en lisant des histoires courtes

Olavi Korhonen

Copyright © 2022 Olavi Korhonen

Tous droits réservés.Bien que l'auteur et l'éditeur aient fait tout leur possible pour s'assurer que les informations présentées dans ce livre étaient correctes à l'heure actuelle, l'auteur et l'éditeur n'assument et déclinent par la présente toute responsabilité envers toute partie pour toute perte, tout dommage ou toute perturbation causés par des erreurs ou des omissions, que ces erreurs ou omissions résultent d'une négligence, d'un accident ou de toute autre cause.

greenthumbpublishing@gmail.com

Contenu

Introduction
Comment utiliser le livre
Guide de lecture

Helsinki
Hockey sur glace
Mämmi
Nokia
Lac Saimaa
Café
Les Sámis
Renne
Festival du film de Midnight Sun
Åland (Archipel d')
A la plage
Camping au lac
La maison
Dans le train
Cuisiner le dîner
Rentrer à pied
Le château
Mon jardin
Faire du shopping
Au marché
Au café
Aller nager
Tonte de la pelouse
Se faire couper les cheveux
Le parc

Introduction

Lire dans une langue étrangère est l'un des moyens les plus efficaces d'améliorer ses compétences linguistiques et d'enrichir son vocabulaire. Cependant, il est parfois difficile de trouver des supports de lecture attrayants, d'un niveau approprié, qui procurent un sentiment de réussite et de progrès. La plupart des livres et articles écrits pour des locuteurs natifs peuvent être trop longs et difficiles à comprendre ou contenir un vocabulaire de très haut niveau, de sorte que vous vous sentez dépassé et abandonnez. Si ces problèmes vous sont familiers, alors ce livre est pour vous !

Histoires Courtes en Finnois est une collection de 25 histoires courtes non conventionnelles et divertissantes qui sont conçues pour aider les apprenants de niveau débutant à intermédiaire Finnois à améliorer leurs compétences linguistiques.

Ces histoires courtes créent un environnement propice à la lecture en incluant ;

- Un contenu linguistique riche dans différents genres pour vous divertir et vous exposer à une variété de formes de mots.
- Des histoires plus courtes en chapitres pour vous donner la satisfaction de terminer des histoires et de progresser rapidement.
- Des textes écrits à votre niveau afin qu'ils soient plus facilement compréhensibles et ne vous dépassent pas.
- Traduction française sur des pages alternées afin que vous puissiez vous y référer directement ligne par ligne tout en lisant l'histoire Finnois.
- Le vocabulaire clé est imprimé en gras tout au long

de l'histoire et de la traduction pour vous aider à
comprendre plus facilement les mots qui ne vous sont
pas familiers.
- Des questions de compréhension pour tester
  votre compréhension des événements clés et vous
  encourager à lire plus en détail.

Que vous souhaitiez enrichir votre vocabulaire, améliorer
votre compréhension ou simplement lire pour le plaisir,
ce livre est le plus grand pas en avant que vous ferez
dans vos études cette année. Histoires Courtes en
Finnois vous apportera tout le soutien dont vous avez
besoin, alors asseyez-vous, détendez-vous et laissez libre
cours à votre imagination en vous laissant transporter
dans un monde magique d'aventures, de mystères et
d'intrigues - en Finnois!

Comment utiliser ce livre

La lecture est un talent difficile à maîtriser. Nous utilisons toute une série de micro-compétences pour nous aider à lire dans notre langue maternelle. Par exemple, nous pouvons parcourir un passage pour en comprendre le sens, ou l'essentiel. Nous pouvons aussi passer au peigne fin les nombreuses pages d'un horaire de train à la recherche d'une heure ou d'un lieu précis. Si ces micro-compétences sont une seconde nature lorsque nous lisons dans notre langue maternelle, les recherches révèlent que nous en oublions souvent la plupart lorsque nous lisons dans une langue étrangère. Lorsque nous apprenons une langue étrangère, nous commençons généralement par le début d'un texte et le parcourons en essayant de comprendre chaque mot. Inévitablement, nous rencontrons des termes peu familiers ou complexes et nous sommes gênés par notre incapacité à les comprendre.

L'un des principaux avantages de la lecture dans une langue étrangère est que vous êtes exposé à un grand nombre de phrases et d'expressions utilisées dans des situations quotidiennes. La lecture extensive est un terme utilisé pour décrire la lecture pour le plaisir dans le but d'apprendre une langue. En d'autres termes, la lecture approfondie de manuels scolaires aide généralement à l'apprentissage des règles de grammaire et d'un vocabulaire particulier, mais la lecture extensive d'histoires aide à l'apprentissage du langage naturel.

Histoires Courtes en Finnois vous donnera l'occasion d'en apprendre davantage sur la langue naturelle Finnois en usage, même si vous avez peut-être commencé votre voyage d'apprentissage des langues uniquement avec

des manuels. Voici quelques conseils à garder à l'esprit lorsque vous lirez les histoires de ce livre pour en tirer le meilleur parti : Lorsqu'il s'agit de lire, le plaisir et le sentiment d'accomplissement sont essentiels. Vous en redemandez parce que vous aimez ce que vous lisez. Lire chaque histoire du début à la fin est la meilleure méthode pour prendre plaisir à lire des histoires et se sentir accompli. Par conséquent, la chose la plus cruciale est d'arriver à la fin d'une histoire. C'est en fait plus important que de connaître chaque mot.

Plus vous lisez, plus vous acquerrez de connaissances. Vous aurez rapidement une connaissance du fonctionnement de la Finnois si vous lisez de gros livres pour le plaisir. Cependant, gardez à l'esprit que pour tirer tous les bénéfices d'une lecture extensive, vous devez d'abord lire un volume suffisamment important. Lire quelques pages ici et là peut vous apprendre quelques nouveaux mots, mais cela ne fera pas une différence significative dans votre niveau global de Finnois.

Acceptez le fait que vous ne comprendrez pas tout ce que vous lisez dans un roman. C'est, sans aucun doute, le point le plus crucial ! N'oubliez jamais que le fait de ne pas comprendre tous les mots ou toutes les phrases est tout à fait acceptable. Cela ne signifie pas que vos compétences linguistiques sont insuffisantes ou que vos résultats sont médiocres. Cela indique que vous participez activement au processus d'apprentissage.

Guide de lecture

Afin de tirer le meilleur parti de la lecture d'Histoires Courtes en Finnois, il est préférable que vous suiviez ce processus de lecture simple en six étapes pour chaque chapitre des histoires :

1. Lisez le titre du chapitre. Réfléchissez à ce que pourrait être le sujet de l'histoire. Puis lisez l'histoire jusqu'au bout. Votre objectif est simplement d'atteindre la fin de l'histoire. Par conséquent, ne vous arrêtez pas pour chercher des mots et ne vous inquiétez pas s'il y a des choses que vous ne comprenez pas. Essayez simplement de suivre l'intrigue.

2. Lorsque vous arrivez à la fin de l'histoire, parcourez la traduction française pour voir si vous avez compris ce qui s'est passé et reprenez tout contexte qui vous aurait échappé.

3. Revenez en arrière et relisez la même histoire. Si vous le souhaitez, vous pouvez vous concentrer davantage sur les détails de l'histoire qu'auparavant, mais sinon, lisez-la simplement une fois de plus.

4. Ensuite, répondez aux questions de compréhension en Finnois pour vérifier votre compréhension des événements clés de l'histoire. Si vous ne comprenez pas entièrement les questions, ne vous inquiétez pas. Utilisez vos connaissances pour répondre du mieux que vous pouvez.

5. A ce stade, vous devriez avoir une certaine compréhension des principaux événements du chapitre. Si ce n'est pas le cas, vous pouvez relire le chapitre

plusieurs fois en utilisant la traduction pour vérifier les mots et les phrases inconnus jusqu'à ce que vous vous sentiez en confiance.

Une fois que vous êtes prêt et sûr d'avoir compris ce qui s'est passé - que ce soit après une ou plusieurs lectures de l'histoire - passez à l'histoire suivante et continuez à apprécier l'histoire à votre propre rythme, comme vous le feriez pour n'importe quel autre livre.

Ce n'est qu'une fois que vous avez terminé une histoire dans son intégralité que vous pouvez envisager de revenir en arrière et d'étudier le langage de l'histoire plus en profondeur si vous le souhaitez. Au lieu de vous inquiéter de tout comprendre, prenez le temps de vous concentrer sur ce que vous avez compris et de vous féliciter pour tout ce que vous avez fait.

Histoires Courtes

en Finnois

Helsinki

Aurinko oli laskemassa Helsingin ylle, kun kävelin **kadulla**. Kaupunki oli niin **kaunis** vanhoine rakennuksineen ja mukulakivikatuineen. Minusta tuntui kuin olisin ollut eri maailmassa. Käännyin kulman takaa ja näin taidegallerian kyltin. Päätin mennä sisään, koska rakastan taidetta. Galleria oli pieni, mutta siellä oli todella uskomattomia maalauksia esillä. Yksi maalaus kiinnitti erityisesti huomioni; siinä oli **nainen** kävelemässä kukkapellon läpi. Se näytti niin rauhalliselta ja seesteiseltä. Päädyin viettämään galleriassa tunteja ihaillen kaikkia taideteoksia. Kun lopulta lähdin, ulkona oli jo **pimeää.**

Kun kävelin takaisin hotellille, en voinut olla tuntematta **kiitollisuutta** tästä upeasta kaupungista ja kaikesta siitä, mitä sillä on tarjota. Seuraavana päivänä heräsin aikaisin ja päätin **tutkia** Helsinkiä lisää. Kävelin jonkin aikaa ympäriinsä, ihailin arkkitehtuuria ja katselin nähtävyyksiä. Lopulta päädyin Senaatintorille, jossa on joitakin Helsingin tärkeimpiä rakennuksia. Olin juuri lähdössä, kun näin **ryhmän** ihmisiä kerääntyvän jonkin ympärille. Menin katsomaan, mistä oli kyse, ja näin, että he katselivat hevosella ratsastavan miehen patsasta. Miehen nimi oli Carl Gustaf Emil Mannerheim, ja hän oli merkittävä henkilö Suomen **historiassa**. Jäin sinne

Helsinki

Le soleil se couchait sur Helsinki alors que je marchais dans la **rue**. La ville était si **belle**, avec ses vieux bâtiments et ses rues pavées. J'avais l'impression d'être dans un autre monde. Au détour d'une rue, j'ai vu l'enseigne d'une galerie d'art. J'ai décidé d'y entrer car j'adore l'art. La galerie était petite, mais elle exposait des peintures vraiment incroyables. Un tableau en particulier a attiré mon attention : il représentait une **femme** marchant dans un champ de fleurs. Elle avait l'air si paisible et si sereine. J'ai fini par passer des heures dans la galerie, à admirer toutes les œuvres d'art. Quand je suis finalement partie, il faisait **nuit**.

En rentrant à pied à mon hôtel, je ne pouvais m'empêcher d'être **reconnaissante** pour cette ville étonnante et tout ce qu'elle a à offrir. Le lendemain, je me suis réveillée tôt et j'ai décidé d'**explorer** davantage Helsinki. Je me suis promenée pendant un moment, admirant l'architecture et profitant de la vue. J'ai fini par me rendre sur la place du Sénat, qui abrite certains des bâtiments les plus importants d'Helsinki. J'étais sur le point de partir quand j'ai vu un **groupe** de personnes rassemblées autour de quelque chose. Je me suis approché pour voir ce qui se passait et j'ai constaté qu'ils regardaient la statue d'un homme à cheval. Cet

hetkeksi kuuntelemaan tarinoita, joita ihmiset kertoivat hänestä. Oli kiehtovaa oppia ihmisestä, jolla oli niin suuri vaikutus tähän maahan.

Vietettyäni jonkin aikaa **torilla** päätin käydä syömässä jotain. Löysin söpön pienen kahvilan ja tilasin kupin kahvia ja leivoksen. Kun istuin nauttimassa **välipalaa**, huomasin, että ohi käveli joukko ihmisiä kameroiden kanssa. He olivat selvästi turisteja. Sain yhtäkkiä idean; miksi en esittelisi heille Helsinkiä? Söin ruokani loppuun ja lähestyin ryhmää. He olivat **iloisia** siitä, että joku näytti heille paikkoja, joten vietimme loppupäivän tutustuen kaupunkiin yhdessä. Kävimme kaikenlaisissa paikoissa, kuten kirkoissa, museoissa ja jopa huvipuistossa! Päivä oli niin hauska, ja olen varma, että he muistavat Helsingissä viettämänsä ajan aina minun ansiostani.

homme s'appelait Carl Gustaf Emil Mannerheim et était un personnage important de l'**histoire** finlandaise. Je suis restée là un moment, écoutant les histoires que les gens racontaient à son sujet. C'était fascinant d'apprendre à connaître quelqu'un qui a eu un tel impact sur ce pays.

Après avoir passé un peu de temps sur la **place**, j'ai décidé d'aller manger quelque chose. J'ai trouvé un joli petit café et j'ai commandé une tasse de café et une pâtisserie. Alors que je m'asseyais pour déguster mon **en-cas**, j'ai remarqué un groupe de personnes qui passaient avec des appareils photo. Il s'agissait manifestement de touristes. J'ai soudain eu une idée : pourquoi ne pas leur faire visiter Helsinki ? J'ai terminé mon repas et je me suis approché du groupe. Ils étaient **heureux** que quelqu'un leur fasse visiter la ville, et nous avons passé le reste de la journée à explorer la ville ensemble. Nous sommes allés dans toutes sortes d'endroits différents, notamment des églises, des musées et même un parc d'**attractions** ! C'était une journée très amusante et je suis sûr qu'ils se souviendront toujours de leur séjour à Helsinki grâce à moi.

Ymmärtämisen kysymykset

1. Mitä kirjailija teki saapuessaan Helsinkiin?

2. Mitä mieltä kirjailija oli kaupungista?

3. Mitä kirjailija teki nähdessään taidegallerian kyltin?

4. Mikä oli kirjailijan suosikkitaulu galleriassa?

5. Miltä kirjailijasta tuntui, kun hän lähti galleriasta?

6. Mitä kirjailija teki seuraavana päivänä?

7. Minne kirjailija meni toisena päivänä?

8. Mitä kirjailija näki ollessaan Senaatintorilla?

9. Mitä kirjailija teki, kun hän sai idean näyttää turisteille paikkoja?

10. Missä paikoissa kirjailija ja turistit kävivät?

Questions de compréhension

1. Qu'a fait l'auteur lorsqu'elle est arrivée à Helsinki ?

2. Que pense l'auteur de la ville ?

3. Qu'a fait l'auteur quand elle a vu le panneau de la galerie d'art ?

4. Quel était le tableau préféré de l'auteur dans la galerie ?

5. Qu'a ressenti l'auteur en quittant la galerie ?

6. Qu'a fait l'auteur le lendemain ?

7. Où l'auteur est-il allé le deuxième jour ?

8. Qu'a vu l'auteur lorsqu'elle était sur la place du Sénat ?

9. Qu'a fait l'auteur quand elle a eu l'idée de faire visiter les touristes ?

10. Dans quels endroits l'auteur et les touristes se sont-ils rendus ?

Jääkiekko

Kanadassa oli kylmä talvipäivä, ja jäähallissa oli **paljon** ihmisiä luistelemassa ja pelaamassa jääkiekkoa. Heidän joukossaan oli nuori poika nimeltä Timmy, joka rakasti **jääkiekon** pelaamista. Hän oli luistellut siitä asti, kun hän oli osannut kävellä, ja hänen unelmansa oli pelata jonain päivänä NHL:ssä. Timmyn vanhemmat olivat iskostaneet häneen rakkauden jääkiekkoon jo nuoresta pitäen. Hänen isänsä oli pelannut puoliammattilaisena ennen kuin **loukkaantuminen** lopetti hänen uransa, joten hän valmensi Timmyä ja hänen ystäviään paikallisessa joukkueessa. Hänen äitinsä työskenteli areenalla myymässä anniskelumyyntiä, joten hän varmisti aina, että Timmy sai **luistimet** ja mailat. Timmy vietti jokaisen hetken jäällä, kun hän ei ollut koulussa tai tehnyt läksyjä.

Hän luisteli koulun jälkeen tuntikausia pimeään asti, meni sitten kotiin **syömään** ja aloitti kaiken alusta seuraavana päivänä. Hänen taitonsa paranivat nopeasti, kun hän harjoitteli jatkuvasti, mutta jotkut asiat jäivät häneltä edelleen huomaamatta, kuten mailan käsittely puolustajien ympärillä tai tarkat syötöt **pieniin** tiloihin. Yksi asia, joka tuli Timmylle kuitenkin luonnostaan, oli maalien tekeminen. Aina kun oli peli, oli se sitten minkä tasoinen tahansa, hän huomasi

Hockey sur glace

C'était une froide journée d'hiver au Canada, et la patinoire était **occupée** par des gens qui patinaient et jouaient au hockey. Parmi eux se trouve un jeune garçon nommé Timmy, qui adore jouer au **hockey**. Il patine depuis qu'il sait marcher et son rêve est de jouer un jour dans la NHL. Les parents de Timmy lui ont inculqué l'amour du hockey dès son plus jeune âge. Son père avait joué en semi-professionnel avant qu'une **blessure** ne mette fin à sa carrière, alors il a entraîné Timmy et ses amis dans l'équipe locale. Sa mère travaillait à l'aréna où elle vendait des concessions, alors elle s'assurait toujours que Timmy avait accès à des **patins** et à des bâtons. Timmy passait tout son temps sur la glace quand il n'était pas à l'école ou en train de faire ses devoirs.

Il patine pendant des heures après l'école jusqu'à la tombée de la nuit, puis rentre à la maison pour **dîner** et recommence le lendemain. Ses compétences s'améliorent rapidement grâce à une pratique constante, mais il y a encore des choses qui lui échappent, comme le maniement du bâton autour des défenseurs ou les passes précises dans les **petits** espaces. Une chose qui vient naturellement à Timmy, cependant, est de marquer des buts. Chaque fois

tekevänsä pisteitä jatkuvasti paremmin kuin kukaan muu. Näytti siltä, että riippumatta siitä, mihin hän ampui, se meni sisään. Näin useimmat ihmiset tunsivat hänet nimellä "The Kid Who Scores All The Time". Vaikka he eivät koskaan sanonut sitä suoraan hänen **kasvonsa**, oli joitakin lapsia, jotka ajattelivat tämä lempinimi ei ollut kovin siistiä , koska he näkivät itsensä enemmän "jääkiekkoilijoita" ' eikä vain maalintekijöitä . He moittivat häntä usein siitä, että hän oli hyvä vain yhdessä asiassa, mutta Timmy ei välittänyt; hän rakasti maalien tekemistä **riippumatta siitä,** mitä muut ajattelivat siitä.

Eräänä päivänä Timmyn taidot joutuivat koetukselle pelissä yhtä liigan parhaista joukkueista vastaan. Hänen joukkueensa oli kahden maalin tappiolla, kun kolmatta erää oli jäljellä vain muutama minuutti. Timmy oli jo tehnyt kaksi maalia ottelussa, mutta hänen **joukkuetovereillaan** oli vaikeuksia pysyä toisen joukkueen nopeuden ja taitojen perässä. Ajan loppuessa Timmy otti tilanteen omiin käsiinsä ja luisteli laidasta laitaan, minkä jälkeen hän laukoi rannelaukauksen yläkulmaan ohi maalivahdin **hanskan**. Sitten hän valmisteli toisen maalin täydellisellä syötöllä tasoittaakseen pelin varsinaisen peliajan lopulla. Lisäajalla hän viimeisteli hattutemppunsa tekemällä maalin vielä toisella **läpiajolla**.

qu'il y avait un match, quel que soit le niveau, il se retrouvait à marquer des points systématiquement mieux que quiconque. Il semblait que peu importe où il tirait, le but était marqué. C'est ainsi que la plupart des gens le connaissaient comme "le gamin qui marque tout le temps". Même s'ils ne le lui disaient jamais directement en **face**, certains enfants trouvaient que ce surnom n'était pas très cool parce qu'ils se voyaient plus comme des "joueurs de hockey" que comme de simples marqueurs de buts. Ils lui reprochaient souvent de n'être bon qu'à une seule chose, mais Timmy s'en fichait ; il aimait marquer des buts**, peu** importe ce que les autres en pensaient.

Un jour, les compétences de Timmy ont été mises à l'épreuve lors d'un match contre l'une des meilleures équipes de la ligue. Son équipe était menée de deux buts à quelques minutes de la fin de la troisième période. Timmy avait déjà marqué deux fois dans le match, mais ses **coéquipiers** avaient du mal à suivre la vitesse et l'habileté de l'autre équipe. Comme il ne restait plus de temps, Timmy a pris les choses en main et a patiné d'un bout à l'autre avant d'envoyer un tir du poignet dans la lucarne, qui a échappé au **gant** du gardien de but. Il est ensuite à l'origine d'un autre but avec une passe parfaite pour égaliser le match à la fin de la période réglementaire. En prolongation, il a complété son tour du chapeau en marquant sur une autre **échappée**.

Ymmärtämisen kysymykset

1. Millainen sää oli tekstissä kuvattuna päivänä?

2. Missä Timmy oli tarinan tapahtumahetkellä?

3. Mikä oli Timmyn unelma?

4. Kuka valmensi Timmyn jääkiekkojoukkuetta?

5. Miten Timmy vietti vapaa-aikaansa?

6. Mikä lempinimi Timmyllä oli?

7. Miksi jotkut muut lapset eivät pitäneet Timmystä?

8. Mitä tapahtui ottelussa toista joukkuetta vastaan?

9. Miten Timmyn joukkue lopulta voitti pelin?

10. Minne Timmy meni pelin jälkeen?

Questions de compréhension

1. Quel temps faisait-il le jour décrit dans le texte ?

2. Où était Timmy lorsque l'histoire se déroule ?

3. Quel était le rêve de Timmy ?

4. Qui a entraîné l'équipe de hockey de Timmy ?

5. Comment Timmy passait-il son temps libre ?

6. Quel surnom avait Timmy ?

7. Pourquoi certains des autres enfants n'aimaient-ils pas Timmy ?

8. Que s'est-il passé lors du match contre l'autre équipe ?

9. Comment l'équipe de Timmy a-t-elle fini par gagner le match ?

10. Où Timmy est-il allé après le match ?

Mämmi

Mämmi oli aina hieman **erilainen** kuin muut luokkansa lapset. Hänellä oli laaja mielikuvitus ja hän rakasti **haaveilla**. Luokkatoverit pilkkasivat häntä usein, mutta häntä se ei haitannut. Se sai hänet vain päättäväisemmäksi osoittamaan, että he olivat väärässä. Eräänä päivänä Mämmi keksi nerokkaimman idean ikinä: hän aikoi rakentaa aikakoneen! Luotettavan kissansa Snickersin avulla hän ryhtyi keräämään materiaaleja ja kokoamaan rakennelmaa. **Viikkojen** kovan työn jälkeen se oli vihdoin valmis. Mämmi kiipesi sisään ja käynnisti moottorin... mutta mitään ei tapahtunut. Hän nousi ulos katsomaan tarkemmin, kun yhtäkkiä... **aikakone** alkoi toimia!

Hän oli tehnyt sen! Mämmi ei voinut uskoa silmiään, kun hän katseli, miten **maailma** hänen ympärillään muuttui ennen kuin se katosi pimeyteen. Kun hän avasi silmänsä uudelleen, hän huomasi olevansa muinaisessa Egyptissä! Mämmi oli innoissaan siitä, että hän oli **muinaisessa** Egyptissä, eikä hukannut aikaa uuden ympäristönsä tutkimiseen. Hän kiipesi pyramideille, ratsasti kameleilla ja pääsi jopa tapaamaan itse faraon! Mämmin tarina aikakoneen rakentamisesta teki häneen niin suuren vaikutuksen, että hän tarjoutui ottamaan hänet **hovinsa** kunniajäseneksi. Mämmi

Mämmi

Mämmi a toujours été un peu **différente** des autres enfants de sa classe. Elle avait une imagination débordante et adorait **rêvasser**. Ses camarades de classe se moquaient souvent d'elle, mais cela ne la dérangeait pas. Cela ne faisait que la rendre plus déterminée à leur prouver qu'ils avaient tort. Un jour, Mämmi a eu l'idée la plus brillante qui soit : elle allait construire une machine à remonter le temps ! Avec l'aide de son fidèle chat, Snickers, elle s'est mise à rassembler des matériaux et à assembler son engin. Après **des semaines** de travail acharné, la machine est enfin terminée. Mämmi monte à l'intérieur et allume le moteur... mais rien ne se passe. Elle sortit pour aller voir de plus près quand soudain... la **machine à** remonter le temps se mit à fonctionner !

Elle l'a fait ! Mämmi n'en croyait pas ses yeux en regardant le **monde qui** l'entourait changer avant de sombrer dans le noir. Quand elle les a rouverts, elle s'est retrouvée en Égypte ancienne ! Mämmi était ravie d'être en Égypte **ancienne** et n'a pas perdu de temps pour explorer son nouvel environnement. Elle a escaladé des pyramides, chevauché des chameaux et a même pu rencontrer le pharaon lui-même ! Il a été tellement impressionné par l'histoire de la machine à remonter le

oli innoissaan eikä malttanut odottaa, että hän voisi kertoa luokkatovereilleen kotona hämmästyttävästä seikkailustaan. Heidän olisi nyt vihdoin **uskottava** häntä!

Kun Mämmi palasi kotiin, hän huomasi yllätyksekseen, että hänen luokkatovereitaan ei enää ollut siellä. Itse asiassa ketään ei ollut siellä ollenkaan. Koko **kaupunki** oli hylätty! Hän käveli hämmentyneenä ympäriinsä, kunnes törmäsi sanomalehteen, joka oli päivätty sinä päivänä, jolloin hän oli lähtenyt. Kävi ilmi, että hänen poissa ollessaan oli puhjennut ydinsota ja kaikki oli evakuoitu. Mämmi ei voinut uskoa sitä. Hän tunsi syyllisyyttä siitä, että oli jättänyt ystävänsä taakseen eikä voinut varoittaa heitä tulevasta. Mutta ehkä... vain ehkä... hän voisi käyttää aikakonettaan palatakseen takaisin ja muuttaakseen historiaa? Mämmi oli lähdössä elämänsä tärkeimmälle matkalle. Hän **hyvästeli** Snickersin ja asetti koordinaatit sille päivälle, jolloin hän lähtisi. Kun aikakone pörräsi käyntiin, hän saattoi vain toivoa, ettei hän ollut liian **myöhässä**.

temps qu'elle a construite qu'il lui a proposé de devenir membre honoraire de sa **cour**. Mämmi était folle de joie et avait hâte de raconter à ses camarades de classe son incroyable aventure. Ils allaient enfin devoir la **croire** !

Lorsque Mämmi est rentrée chez elle, elle a été surprise de constater que ses camarades de classe n'étaient plus là. En fait, il n'y avait personne. La **ville** entière était abandonnée ! Elle marchait dans le vide jusqu'à ce qu'elle tombe sur un journal datant du jour de son départ. Il s'avère que pendant son absence, une guerre **nucléaire avait éclaté** et que tout le monde avait été évacué. Mämmi n'en revenait pas. Elle se sentait coupable d'avoir laissé ses amis derrière elle et de ne pas avoir pu les prévenir de ce qui allait arriver. Mais peut-être... juste peut-être... pourrait-elle utiliser sa machine à remonter le temps pour revenir en arrière et changer l'histoire ? Mämmi est sur le point d'entreprendre le voyage le plus important de sa vie. Elle dit **au revoir** à Snickers et fixa les coordonnées du jour de son départ. Alors que la machine à remonter le temps se mettait en marche, elle ne pouvait qu'espérer qu'il n'était pas trop **tard**.

Ymmärtämisen kysymykset

1. Mikä oli Mämmen kaikkien aikojen nerokkain idea?

2. Miltä Mämmistä tuntui, kun hän sai tietää, että hänen luokkatovereitaan ei enää ollut?

3. Mihin Mämmi oli lähdössä, kun tarina päättyi?

4. Miksi Mämmin luokkatoverit pilkkasivat häntä?

5. Miten Mämmi tapasi faraon?

6. Mitä farao sanoi Mämmille?

7. Mitä Mämmi teki saapuessaan muinaiseen Egyptiin?

8. Mikä oli Mämmen löytämän sanomalehden päiväys?

9. Mikä aiheutti ydinsodan?

10. Mikä oli Mämmen tavoite menemällä ajassa taaksepäin?

Questions de compréhension

1. Quelle est l'idée la plus brillante que Mämmi ait eue ?

2. Comment Mämmi s'est-elle sentie quand elle a découvert que ses camarades de classe n'étaient plus là ?

3. Que s'apprêtait à entreprendre Mämmi à la fin de l'histoire ?

4. Pourquoi les camarades de classe de Mämmi se sont-ils moqués d'elle ?

5. Comment Mämmi a-t-il rencontré le pharaon ?

6. Qu'a dit le pharaon à Mämmi ?

7. Que faisait Mämmi lorsqu'elle est arrivée en Égypte ancienne ?

8. Quelle était la date du journal que Mämmi a trouvé ?

9. Qu'est-ce qui a provoqué la guerre nucléaire ?

10. Quel était le but de Mämmi en remontant le temps ?

Nokia

Nokian perusti vuonna 1865 Fredrik Idestam sellutehtaana. Nokia laajeni nopeasti sähköalalle, ja siitä tuli merkittävä toimija Suomen taloudessa ja lopulta yksi Suomen suurimmista yrityksistä. Vuonna 1967 Nokia **perusti** oman elektroniikkaosaston, joka alkoi valmistaa digitaalisia puhelimia ja muita kulutuselektroniikan laitteita. 1990-luvun alkuun mennessä Nokiasta oli tullut maailman johtava matkapuhelinvalmistaja. Vuonna 1998 Nokia toi markkinoille **vallankumouksellisen** 1100-puhelimen, josta tuli nopeasti yksi kaikkien aikojen myydyimmistä puhelimista. 1100-puhelimen menestys johti Nokian nopeaan kasvuun, ja vuoteen 2005 mennessä Nokia oli maailman johtava matkapuhelinvalmistaja.

Nokia on edelleen yksi suosituimmista matkapuhelinmerkeistä, ja sen tuotteita käytetään kaikkialla maailmassa. Nokian historia on täynnä innovaatioita ja menestystä. Nokia on ollut **mobiiliteknologian** eturintamassa jo vuosia, ja miljoonat ihmiset ympäri maailmaa käyttävät sen tuotteita. Nokia on aina ollut yritys, joka on valmis ottamaan riskejä, ja tämä on johtanut hämmästyttäviin innovaatioihin. Vuonna 2007 se julkaisi Nokia N95:n, joka oli yksi ensimmäisistä puhelimista, **joissa oli**

Nokia

Nokia a été fondée en 1865 comme une usine
de pâte à papier par Fredrik Idestam. Nokia s'est
rapidement développée dans le secteur de l'**électricité**,
devenant un acteur majeur de l'économie finlandaise
et finalement l'une des plus grandes entreprises
de Finlande. En 1967, Nokia a **créé** son propre
département électronique, qui a commencé à produire
des téléphones numériques et d'autres appareils
électroniques grand public. Au début des années
1990, Nokia est devenu l'un des principaux fabricants
mondiaux de téléphones mobiles. En 1998, Nokia
a lancé le téléphone **révolutionnaire** 1100, qui est
rapidement devenu l'un des téléphones les plus vendus
de tous les temps. Le succès du 1100 a entraîné
une période de croissance rapide pour Nokia, qui
est devenu en 2005 le premier fabricant mondial de
téléphones **mobiles**.

Aujourd'hui, Nokia reste l'une des marques les plus
populaires en matière de téléphones mobiles, et ses
produits sont utilisés dans le monde entier. L'histoire de
Nokia est celle de l'innovation et du succès. L'entreprise
est à l'avant-garde de la **technologie** mobile depuis
de nombreuses années et ses produits sont utilisés
par des millions de personnes dans le monde entier.

sisäänrakennettu GPS-järjestelmä. Tämä puhelin
oli valtava menestys, ja se lujitti Nokian asemaa
mobiiliteknologian **johtavana toimijana.**

Viime vuosina Nokia on kohdannut kovaa **kilpailua**
muiden valmistajien taholta, mutta se on silti onnistunut
pysymään merkityksellisenä mobiiliteknologian
alati muuttuvassa maailmassa. Nokia 8 on **uusin**
lippulaivapuhelin, joka on todiste siitä, että Nokia on
edelleen voimatekijä, johon on syytä varautua. Nokian
tulevaisuus näyttää valoisalta, eikä ole epäilystäkään
siitä, etteivätkö he jatkaisi **innovointia** ja yllättäisi meitä
uusilla tuotteilla tulevina **vuosina.**

Nokia a toujours été une entreprise prête à prendre des risques, ce qui a conduit à des innovations étonnantes. En 2007, elle a lancé le Nokia N95, qui était l'un des premiers téléphones **dotés d'**un système GPS intégré. Ce téléphone a connu un énorme succès et a consolidé la position de Nokia en tant que **leader** de la technologie mobile.

Ces dernières années, Nokia a dû faire face à une rude **concurrence** de la part d'autres fabricants, mais elle a tout de même réussi à rester pertinente dans le monde en constante évolution de la technologie mobile. Leur **dernier** téléphone phare, le Nokia 8, est la preuve qu'ils sont toujours une force sur laquelle il faut compter. L'avenir semble radieux pour Nokia, et il ne fait aucun doute qu'ils continueront à **innover** et à nous surprendre avec de nouveaux produits dans les **années** à venir.

Ymmärtämisen kysymykset

1. Minä vuonna Nokia perustettiin?

2. Millä alalla Nokia laajeni nopeasti perustamisensa jälkeen?

3. Mikä oli Nokian ensimmäinen elektroniikkaosaston tuote?

4. Milloin Nokiasta tuli maailman johtava matkapuhelinvalmistaja?

5. Mikä oli ensimmäinen puhelin, jossa oli sisäänrakennettu GPS-järjestelmä?

6. Mikä on Nokian uusin lippulaivapuhelin?

7. Mikä oli Nokian alkuperäinen tarkoitus?

8. Kuinka monessa maassa Nokian tuotteita käytetään?

9. Miltä Nokian tulevaisuus näyttää?

10. Mikä on ollut Nokian menestynein puhelin?

Questions de compréhension

1. En quelle année Nokia a-t-elle été fondée ?

2. Dans quel secteur Nokia s'est-elle rapidement développée après sa création ?

3. Quel a été le premier produit du département électronique de Nokia ?

4. Quand Nokia est-il devenu le premier fabricant mondial de téléphones mobiles ?

5. Quel a été le premier téléphone doté d'un système GPS intégré ?

6. Quel est le dernier téléphone phare de Nokia ?

7. Quel était l'objectif initial de Nokia ?

8. Combien de pays utilisent les produits Nokia ?

9. À quoi ressemble l'avenir de Nokia ?

10. Quel a été le téléphone le plus populaire de Nokia ?

Saimaan järvi

Aurinko oli laskemassa Saimaan ylle, ja viimeiset
valonsäteet loistivat veden päällä. Se oli kaunis
näky. Yhtäkkiä vedessä roiskui ja siitä alkoi nousta
jotain. Ensin se näytti tukilta, mutta sitten se alkoi
saada **ihmisen** muodon. Se oli ihminen! Hänellä oli
pitkät hiukset ja parta, ja hänellä oli päällään outoja
vaatteita. Mies kiipesi rantaan ja katseli ympärilleen,
aivan kuin hän ei olisi tiennyt, missä hän oli. Sitten hän
näki **naisen** kävelevän yksinään rantaviivaa pitkin.
Mies huusi naista ja pyysi apua. Nainen epäröi ensin,
mutta sitten hän meni miehen luo ja kysyi, mikä hänen
nimensä oli. Mies kertoi naiselle, että hänen nimensä oli
Finnegan ja että hän ei tiennyt, miten hän oli joutunut
tänne tai missä hän edes oli.

Nainen esitteli itsensä Sarahiksi ja tarjoutui viemään
hänet kaupunkiin, jotta hän voisi selvittää, mitä oli
tapahtunut. Sarah vei Finneganin kaupunkiin , ja
he menivät paikalliseen **pubiin** . Siellä Sarah puhui
joidenkin ihmisten kanssa siitä, mitä Finneganille saattoi
tapahtua. He kaikki olivat yhtä mieltä siitä, että kuulosti
siltä, että Finnegan oli jotenkin siirretty toisesta ajasta
tai paikasta . Kukaan ei tiennyt tarkalleen , miten se olisi
voinut tapahtua , mutta kaikki sanoivat , että Saimaan

Lac Saimaa

Le soleil se couchait sur le lac Saimaa, et les derniers rayons de **lumière** brillaient sur l'eau. C'était un spectacle magnifique. Tout à coup, il y a eu un plouf dans l'eau et quelque chose a commencé à en sortir. Au début, cela ressemblait à une bûche, mais ensuite cela a commencé à prendre une forme **humaine**. C'était un homme ! Il avait de longs cheveux et une barbe, et il portait des vêtements étranges. L'homme a grimpé sur la rive et a regardé autour de lui, comme s'il ne savait pas où il était. Puis il a vu une **femme** qui marchait seule le long du rivage. L'homme l'a interpellée, lui demandant de l'aide. La femme a d'abord hésité, puis elle s'est approchée de lui et lui a demandé comment il s'appelait. L'homme lui a répondu qu'il s'appelait Finnegan et qu'il ne savait pas comment il était arrivé **ici** ni même où il se trouvait.

La femme s'est présentée comme étant Sarah et lui a proposé de l'emmener en ville pour qu'il puisse comprendre ce qui s'est passé. Sarah a emmené Finnegan en ville, et ils sont allés au **pub** local. Là, Sarah a parlé avec quelques personnes de ce qui avait pu arriver à Finnegan. Ils étaient tous d'accord pour dire qu'il semblait que Finnegan avait été transporté

lähellä kaikki oli mahdollista . Vietettyään jonkin **aikaa** kaupungissa , Saara vei Finneganin takaisin kotiinsa , jotta hän voisi levätä ennen kuin yrittää keksiä , miten päästä kotiin itse . Kun he kävelivät **rantaviivaa** pitkin tähtien alla , sekä Saara että Finnegan tunsivat kiitollisuutta sattumanvaraisesta tapaamisesta - sillä kuka tietää, mitä Finnegan-paralle olisi **tapahtunut** ilman sitä?

Seuraavana päivänä Finnegan heräsi ja yritti miettiä, miten hän pääsisi takaisin kotiin. Hän tiesi, ettei se olisi helppoa, mutta hänen oli yritettävä. Hän käveli **rantaviivalle** ja katseli veden yli. Se oli niin laaja ja syvä, eikä hänellä ollut aavistustakaan, mistä edes aloittaa. Hän istuutui **maahan** , nojaten päänsä käsiinsä. Sarah tuli hänen takanaan ja laittoi kätensä hänen olkapäälleen . Hän kertoi auttavansa häntä **kaikin tavoin**, mutta hänkään ei tiennyt, miten aloittaa.

d'une autre époque ou d'un autre lieu. Personne ne savait exactement comment cela avait pu se produire, mais ils ont tous dit que tout était possible près du lac Saimaa. Après avoir passé un peu de **temps** en ville, Sarah a ramené Finnegan chez elle pour qu'il puisse se reposer avant d'essayer de trouver comment rentrer chez lui. Alors qu'ils marchaient le long **du rivage** sous les étoiles, Sarah et Finnegan se sentaient tous deux reconnaissants de leur rencontre fortuite, car sans elle, qui sait ce qu'il serait **advenu** du pauvre Finnegan ?

Le lendemain, Finnegan s'est réveillé et a essayé de trouver un moyen de rentrer chez lui. Il savait que ce ne serait pas facile, mais il devait essayer. Il marcha jusqu'au **rivage** et regarda l'eau. Elle était si vaste et profonde, et il n'avait aucune idée de par où commencer. Il s'est assis sur le **sol**, reposant sa tête dans ses mains. Sarah est arrivée derrière lui et a posé sa main sur son épaule. Elle lui dit qu'elle l'aiderait **comme** elle le **pourrait**, mais qu'elle ne savait pas non plus par où commencer.

Ymmärtämisen kysymykset

1. Miltä mies näytti, kun hän nousi vedestä?

2. Millaiset olivat miehen vaatteet?

3. Mitä mies teki nähdessään naisen?

4. Mitä pubissa olevat ihmiset sanoivat miehestä?

5. Mitä mieltä Saara oli miehestä?

6. Mitä Finnegan teki herättyään seuraavana päivänä?

7. Miksi Finneganilla oli vaikeuksia?

8. Mitä Sarah sanoi Finneganille?

9. Mitä luulet, että Finneganille tapahtui?

10. Mitä Finneganille olisi tapahtunut, jos hän ei olisi tavannut Sarahia?

Questions de compréhension

1. À quoi ressemblait l'homme lorsqu'il est sorti de l'eau pour la première fois ?

2. Comment étaient les vêtements de l'homme ?

3. Qu'a fait l'homme quand il a vu la femme ?

4. Qu'ont dit les gens du pub à propos de l'homme ?

5. Que ressentait Sarah à l'égard de cet homme ?

6. Qu'a fait Finnegan quand il s'est réveillé le lendemain ?

7. Pourquoi Finnegan avait-il du mal ?

8. Qu'est-ce que Sarah a dit à Finnegan ?

9. Que pensez-vous qu'il soit arrivé à Finnegan ?

10. Que serait-il arrivé à Finnegan s'il n'avait pas rencontré Sarah ?

Kahvi

Herätyskello soi, ja kävin laiskasti sammuttamassa sen. Murahdin istuessani ja tunsin, etten ollut nukkunut juuri lainkaan. Tästä tulisi **taas** pitkä päivä. Kuin tilauksesta vatsani murisi äänekkäästi ja muistutti minua siitä, etten ollut syönyt illallista edellisenä **iltana.** Aivan, minun on parasta syödä jotain ennen kahvia, tai muuten tästä tulee todella pitkä päivä. Kävelin keittiöön, puoliksi hereillä jo **tuoreen** kahvin tuoksusta, joka leijaili ilmassa. Kämppikseni oli varmaan taas herännyt aikaisin tänään. Hän oli aina niin ärsyttävän pirteä aamulla, kun taas minä pystyin tuskin toimimaan ilman, että kofeiini pumppasi ensin suonissani. Nappasin **kaapista** mukin ja täytin sen höyryävällä mustalla nesteellä ennen kuin otin ison kulauksen.

Ahhh, nyt on parempi. Aloin vihdoin tuntea itseni taas **ihmiseksi** nyt, kun kahvi virtasi elimistössäni. Aika kohdata päivä suoraan! Olin tuskin ehtinyt juoda ensimmäisen kupillisen kahvia, kun pomoni kutsui minut toimistoonsa kokoukseen. Ilmeisesti oli jokin iso **projekti,** joka piti tehdä, ja hän halusi minun johtavan sitä. Yritin keskittyä siihen, mitä hän sanoi, mutta ajattelin vain sitä, kuinka paljon lisää kahvia tarvitsisin, jotta selviäisin tästä päivästä. Kun kokous päättyi, olin jo unohtanut suurimman osan siitä, mitä hän sanoi, mutta

Café

Le réveil a sonné, et je me suis penché paresseusement pour l'éteindre. J'ai grommelé en me redressant, ayant l'impression d'avoir à peine dormi. La journée s'annonçait **encore** longue. Comme si c'était le moment, mon estomac a grogné bruyamment et m'a rappelé que je n'avais pas mangé la veille. Bon, je ferais mieux de manger un peu avant de prendre le café, sinon la journée va être très longue. Je suis entré dans la cuisine, déjà à moitié réveillé par l'odeur du café fraîchement **préparé** qui flottait dans l'air. Ma colocataire a dû se lever tôt aujourd'hui encore. Elle était toujours si ennuyeuse et joyeuse le matin, alors que je pouvais à peine fonctionner sans caféine dans les veines. J'ai pris une tasse dans le **placard** et l'ai remplie du liquide noir fumant avant d'en prendre une grande gorgée.

Ahhh, c'est mieux. Je commençais enfin à me sentir à nouveau **humain** maintenant que le café coulait dans mon système. Il était temps de faire face à la journée ! Je venais à peine de finir ma première tasse de café que mon patron m'a convoqué dans son bureau pour une réunion. Apparemment, il y avait un gros **projet** à réaliser, et il voulait que je le dirige. J'ai essayé de me concentrer sur ce qu'il disait, mais tout ce à quoi

onneksi onnistuin **raapustamaan** muistiin muutamia keskeisiä kohtia. Se kuulosti siltä, että siitä tulisi paljon työtä, mutta **toivottavasti** se olisi lopulta sen arvoista.

Oli miten oli, nyt ei ollut perääntymistä, joten voisin yhtä hyvin aloittaa! Seuraavat viikot olivat kuin sumua, kun työskentelin väsymättä projektin parissa. Jokainen aamu alkoi uudella **mukillisella** kahvia, ja jokainen ilta päättyi siihen, että kaaduin uupuneena sänkyyn. Mutta lopulta, ikuisuudelta tuntuneen ajan jälkeen, kaikki loksahti **kohdalleen,** ja saimme esitellä valmiin tuotteen pomollemme. Hän vaikutti tyytyväiseltä ja antoi minulle jopa **bonuksen,** mikä auttoi lievittämään niiden pitkien työtuntien tuskaa, jotka vietin taukoamatta. Ainakin nyt minulla on varaa ostaa itselleni ylimääräinen pussi kahvipapuja!

je pensais était la quantité de café dont j'avais besoin pour passer cette journée. À la fin de la réunion, j'avais déjà oublié la plupart de ce qu'il avait dit, mais heureusement, j'ai réussi à **griffonner** quelques points clés. Cela semblait être beaucoup de travail, mais **j'espérais que** cela en vaudrait la peine à la fin.

De toute façon, il n'y avait plus moyen de faire marche arrière, alors autant s'y mettre ! Les semaines suivantes ont été floues, car j'ai travaillé sans relâche sur le projet. Chaque matin, je commençais par une nouvelle **tasse de** café, et chaque soir, je m'écroulais dans mon lit, épuisée. Mais finalement, après ce qui m'a semblé être une éternité, tout s'est mis **en place** et nous avons pu présenter le produit fini à notre patron. Il en a semblé satisfait et m'a même donné une **prime**, ce qui a permis d'atténuer la douleur de ces longues heures passées à travailler sans relâche. Au moins, maintenant, je peux me permettre de m'acheter un **grand** sac de grains de café !

Ymmärtämisen kysymykset

1. Mitä päähenkilö tekee herättyään?

2. Miltä päähenkilöstä tuntuu tuleva päivä?

3. Mitä päähenkilön vatsa muistuttaa häntä?

4. Mitä päähenkilö ajattelee kämppiksestään?

5. Miltä päähenkilöstä tuntuu ensimmäisen kahvikupillisen jälkeen?

6. Mitä päähenkilön pomo kertoo heille kokouksessa?

7. Millainen on päähenkilön tunne projektista viikon lopussa?

8. Miten päähenkilö reagoi pomonsa reaktioon valmiiseen projektiin?

9. Millainen on päähenkilön suhtautuminen kahviin nyt?

10. Mitä päähenkilö aikoo tehdä bonuksellaan?

Questions de compréhension

1. Que fait le protagoniste à son réveil ?

2. Que ressent le protagoniste à propos de sa journée à venir ?

3. A quoi l'estomac du protagoniste fait-il penser ?

4. Que pense le protagoniste de son colocataire ?

5. Que ressent le protagoniste après sa première tasse de café ?

6. Que leur dit le patron du protagoniste lors de la réunion ?

7. Que pense le protagoniste du projet à la fin de la semaine ?

8. Comment le protagoniste réagit-il à la réaction de son patron face au projet terminé ?

9. Que pense le protagoniste du café maintenant ?

10. Que compte faire le protagoniste avec son bonus ?

Sámis

Saamelaiset ovat **vaeltava** kansa, joka on asunut Euroopan arktisilla alueilla vuosisatojen ajan. Heidät tunnetaan ainutlaatuisesta kulttuuristaan ja perinteistään, joihin kuuluvat poronhoito ja shamanismi. Eräänä kylmänä talvipäivänä joukko **saamelaislapsia** leikki leirinsä lähellä, kun he näkivät kaukana jotain outoa. Se oli suuri valkoinen olento, jolla oli sarvet! Lapset eivät olleet koskaan ennen nähneet **mitään** vastaavaa. He juoksivat kertomaan vanhemmilleen, mitä olivat nähneet. Pian koko leiri oli innoissaan. Jotkut sanoivat, että se oli henkieläin, joka tuli käymään heidän luonaan; toiset sanoivat, että se oli vain **peura,** joka oli eksynyt lumimyrskyssä.

Riippumatta siitä, mitä muut ajattelivat, **kaikki** olivat yhtä mieltä siitä, että se oli uskomaton näky! Päivien kuluessa yhä useammat leiriläiset alkoivat nähdä valkoista olentoa. Se näytti seuraavan heitä kaikkialle, minne he menivätkin. Jotkut **vanhimmista** sanoivat, että se oli merkki hengiltä ja että sitä pitäisi kohdella kunnioittavasti. Lapset rakastivat leikkiä sen kanssa ja yrittivät usein ratsastaa sen **selässä**. Mutta vaikka he kuinka yrittivät, he eivät koskaan saaneet sitä kiinni! Olento oli aina aivan ulottumattomissa. Eräänä päivänä, erityisen voimakkaan lumisateen jälkeen,

Les Sámis

Les Sámis sont un peuple **nomade** qui vit depuis des siècles dans les régions arctiques de l'Europe. Ils sont connus pour leur culture et leurs traditions uniques, qui comprennent l'élevage de rennes et le chamanisme. Un jour d'hiver, un groupe d'**enfants** samis jouait près de leur camp lorsqu'ils ont vu quelque chose d'étrange au loin. C'était une grande créature blanche avec des bois ! Les enfants n'avaient jamais **rien** vu de tel auparavant. Ils courent raconter à leurs parents ce qu'ils ont vu. Bientôt, tout le camp est en ébullition. Certains disent que c'est un animal spirituel qui vient leur rendre visite, d'autres disent que c'est juste un **cerf** qui s'est perdu dans la tempête de neige.

Peu importe ce que les gens pensaient, **tout le monde** était d'accord pour dire que c'était un spectacle incroyable à voir ! Au fil des jours, de plus en plus de personnes dans le camp ont commencé à voir la créature blanche. Elle semblait les suivre partout où ils allaient. Certains des **anciens** ont dit que c'était un signe des esprits et qu'ils devaient la traiter avec respect. Les enfants aimaient jouer avec elle, et essayaient souvent de monter sur son **dos**. Mais ils avaient beau essayer, ils ne pouvaient jamais l'attraper ! La créature était toujours hors de portée. Un jour,

valkoinen olento katosi **kokonaan**. Kaikki leiriläiset etsivät sitä kaikkialta, mutta sen olinpaikasta ei löytynyt jälkeäkään. Kaikki olettivat, että se oli vihdoin palannut henkimaailmaan, josta se oli tullutkin.

Muutamaa viikkoa myöhemmin yksi lapsista löysi jotain **outoa** yhdestä porokarsinasta. Karsinaan johti suuria jalanjälkiä, mutta ei yhtään jälkeä, jotka olisivat johtaneet ulos! Voisiko tämä olla todiste siitä, että "valkoinen olento" oli itse asiassa ollut poro koko ajan? Tai kenties jotain vielä oudompaa...? Saamelaiset jatkoivat elämäänsä arktisella alueella, ja vaikka he eivät enää koskaan nähneet valkoista olentoa, se **säilyi** heidän sydämissään ja mielissään. Aina silloin tällöin joku väitti nähneensä sen uudelleen, mutta kukaan ei voinut koskaan olla varma. Olennosta oli ikään kuin **tullut** osa heidän tarinaansa, tarinaa, jota kerrottaisiin **leirinuotion** ääressä tulevien sukupolvien ajan.

après une chute de neige particulièrement importante, la créature blanche a **complètement** disparu. Tout le monde dans le camp l'a cherchée partout, mais il n'y avait aucune trace d'où elle était partie. Ils ont tous supposé qu'elle était finalement retournée dans le monde des esprits d'où elle venait.

Quelques semaines plus tard, un des enfants a trouvé quelque chose d'**étrange** dans l'un de leurs enclos pour rennes. Il y avait de grandes empreintes de pas qui menaient à l'enclos, mais aucune qui n'en sortait ! Serait-ce la preuve que la "créature blanche" était en fait un renne depuis le début ? Ou peut-être quelque chose d'encore plus étrange... ? Les Samis ont continué à vivre dans l'Arctique et, bien qu'ils n'aient jamais revu la créature blanche, elle **est restée** dans leur cœur et leur esprit. De temps en temps, quelqu'un prétendait l'avoir revue, mais personne ne pouvait en être sûr. C'était comme si la créature était **devenue** une partie de leur légende, une histoire qui serait racontée autour du **feu de camp** pour les générations à venir.

Ymmärtämisen kysymykset

1. Mitä ovat saamelaiset?

2. Mitä saamelaiset tekevät?

3. Mitä lapset näkivät?

4. Mitä vanhemmat ajattelivat?

5. Mitä vanhimmat sanoivat?

6. Mitä lapset yrittivät tehdä?

7. Mitä olennolle tapahtui?

8. Mitä yksi lapsista löysi?

9. Mikä oli olento?

10. Mitä tapahtui legendalle?

Questions de compréhension

1. Que sont les Sámis ?

2. Que font les Sámis ?

3. Qu'ont vu les enfants ?

4. Qu'ont pensé les parents ?

5. Qu'ont dit les anciens ?

6. Qu'est-ce que les enfants ont essayé de faire ?

7. Qu'est-il arrivé à la créature ?

8. Qu'a trouvé un des enfants ?

9. Quelle était la créature ?

10. Qu'est-il arrivé à la légende ?

Poro

Porot olivat kaikki rivissä odottamassa, että joulupukki **valitsisi**, mikä niistä vetäisi rekeä jouluaattona. Kaikki ne halusivat tulla valituksi, mutta vain yksi saattoi olla onnekas voittaja. Lopulta joulupukki tuli ulos ja katsoi kaikkia innokkaita poroja. Hän käveli jonoa pitkin ja tutki jokaisen **huolellisesti**. Porot pidättivät hengitystään toivoen, että heidät valittaisiin. Kun Joulupukki pääsi jonon päähän, hän ei ollut vieläkään tehnyt **päätöstä**. Hän raapi partaansa mietteliäästi ja ilmoitti sitten tarvitsevansa aikaa miettiä asiaa. Pettyneet porot laskivat päätään katsellessaan joulupukin kävelevän pois. Myöhemmin samana iltana Joulupukki palasi ja kertoi heille, että hän oli tehnyt päätöksensä. **Onnekas** poro, joka saisi vetää hänen rekeään, oli... Rudolph!

Kaikki hurrasivat, kun he kuulivat Rudolfin nimen ja **onnittelivat** häntä siitä, että hänet oli valittu näin tärkeään tehtävään. Nyt kun Rudolph oli valittu, muut porot alkoivat olla hieman kateellisia. Ne alkoivat kiusata häntä ja kutsua häntä nimillä kuten "Punanokka" ja "friikki". Rudolph yritti olla välittämättä niistä, mutta se oli vaikeaa. Eräänä päivänä se kuuli, kun jotkut porot puhuivat siitä, miten ne aikoivat tehdä joulupukille tempun. Ne aikoivat piilottaa reen niin, ettei hän löytäisi sitä jouluaattona! Rudolph oli **kauhuissaan**. Hän

Renne

Les rennes étaient tous alignés, attendant que le Père Noël **choisisse** celui qui tirerait son traîneau la veille de Noël. Tous voulaient être choisis, mais un seul pouvait être l'heureux gagnant. Finalement, le Père Noël est sorti et a regardé tous les rennes impatients. Il descendit la file d'attente, inspectant **soigneusement** chacun d'entre eux. Les rennes retenaient leur souffle, espérant qu'ils seraient choisis. Lorsqu'il arrive à la fin de la file, le Père Noël n'a toujours pas pris de **décision**. Il se gratte la barbe pensivement et annonce qu'il a besoin de temps pour y réfléchir. Les rennes déçus ont baissé la tête en regardant le Père Noël s'éloigner. Plus tard dans la nuit, le Père Noël revint et leur dit qu'il avait pris sa décision. Le renne **chanceux** qui allait tirer son traîneau était... Rudolph !

Tout le monde a applaudi en entendant le nom de Rudolph et l'a **félicité** d'avoir été choisi pour un travail aussi important. Maintenant que Rudolph a été choisi, les autres rennes commencent à être un peu jaloux. Ils commencèrent à le taquiner et à l'appeler "nez rouge" et "monstre". Rudolph essayait de les ignorer, mais c'était difficile. Un jour, il entendit des rennes parler de la façon dont ils allaient jouer un tour au Père Noël. Ils allaient cacher son traîneau pour qu'il ne puisse pas le

tiesi, että hänen oli jotenkin varoitettava joulupukkia. Mutta miten hän voisi tehdä sen jäämättä kiinni? Se ei halunnut muiden porojen tietävän, että se vakoili niitä. Rudolph mietti ja mietti, kunnes lopulta hän keksi **suunnitelman**.

Rudolph odotti, kunnes muut porot olivat nukkumassa, ja hiipi sitten ulos tallista. Hän tiesi, minne joulupukin reki oli **piilotettu,** ja hän aikoi viedä sen takaisin työpajaan. Mutta ensin hänen oli löydettävä Joulupukki. Hän etsi ympäri **kylää,** mutta hänestä ei ollut merkkiäkään missään. Juuri kun Rudolph oli luovuttamassa, hän kuuli eräästä talosta heikon äänen. Se kuulosti siltä kuin joku **itkisi**. Kävi ilmi, että Joulupukki oli sairastunut ja oli kuumeisena vuodepotilaana. Rouva Joulupukki hoiti häntä, mutta hän näytti uupuneelta. Rudolph tunsi sääliä hänen puolestaan ja päätti auttaa **sen sijaan** jakamaan lahjoja jouluaattona.

trouver la veille de Noël ! Rudolph était **horrifié**. Il savait qu'il devait prévenir le Père Noël d'une manière ou d'une autre. Mais comment pouvait-il le faire sans se faire prendre ? Il ne voulait pas que les autres rennes sachent qu'il les espionnait. Rudolph réfléchit encore et encore jusqu'à ce qu'il trouve enfin un **plan**.

Rudolph attendit que les autres rennes soient endormis, puis il se faufila hors de l'étable. Il savait où ils avaient **caché le** traîneau du Père Noël, et il allait le ramener à l'atelier. Mais d'abord, il doit trouver le Père Noël. Il chercha dans tout le **village**, mais il n'y avait aucun signe de lui. Alors que Rudolph était sur le point d'abandonner, il entendit un faible bruit provenant d'une des maisons. On aurait dit que quelqu'un **pleurait**. Il s'avéra que le Père Noël était tombé malade et était cloué au lit avec de la fièvre. Madame Claus s'occupait de lui, mais elle avait l'air épuisée. Rudolph se sentait mal pour elle et décida qu'il aiderait **à** livrer les cadeaux la veille de Noël.

Ymmärtämisen kysymykset

1. Missä porot odottivat joulupukkia?

2. Miksi porot olivat kateellisia Rudolfille?

3. Mitä muut porot aikoivat tehdä joulupukille?

4. Miten Rudolph sai selville, missä Joulupukki oli?

5. Miksi Rudolph päätti auttaa lahjojen jakamisessa jouluaattona?

6. Miten muut porot reagoivat, kun he saivat tietää, että Rudolf aikoi auttaa joulupukkia?

7. Mitä rouva Joulupukki ajatteli Rudolfin päätöksestä?

8. Miltä Rudolphista tuntui, kun hän pystyi auttamaan joulupukkia?

9. Mitä luulet, että olisi tapahtunut, jos Rudolf ei olisi löytänyt joulupukkia?

10. Luuletko, että Rudolph nautti siitä, että hän auttoi lahjojen jakamisessa jouluaattona? Miksi vai miksi ei?

Questions de compréhension

1. Où les rennes attendaient-ils le Père Noël ?

2. Pourquoi les rennes étaient-ils jaloux de Rudolph ?

3. Que prévoyaient de faire les autres rennes au Père Noël ?

4. Comment Rudolph a-t-il découvert où se trouvait le Père Noël ?

5. Pourquoi Rudolph a-t-il décidé d'aider à livrer les cadeaux la veille de Noël ?

6. Comment ont réagi les autres rennes lorsqu'ils ont découvert que Rudolph allait aider le Père Noël ?

7. Que pense la Mère Noël de la décision de Rudolph ?

8. Qu'a ressenti Rudolph en aidant le Père Noël ?

9. A ton avis, que se serait-il passé si Rudolph n'avait pas réussi à trouver le Père Noël ?

10. Penses-tu que Rudolph a aimé aider à livrer les cadeaux la veille de Noël ? Pourquoi ou pourquoi pas ?

Midnight Sun Film Festival

Midnight Sun -elokuvafestivaali on **vuosittainen** tapahtuma, joka järjestetään Sodankylässä. Festivaali järjestetään kesäpäivänseisauksen aikaan, jolloin aurinko ei koskaan laske ja yö pysyy valoisana. Viikon ajan elokuvan ystävät kaikkialta maailmasta saapuvat katsomaan eri genrejä edustavia elokuvia, joita esitetään ympäri kaupunkia pystytetyillä **valkokankailla.** Tänä vuonna päätin tehdä matkan Sodankylään nähdäkseni, mistä kaikesta hälinästä on kyse. En ollut varma, mitä odottaa, mutta odotin innolla vaihtelua tavallisiin **elokuvafestivaaleihin** verrattuna. Heti kun saavuin kaupunkiin, oli selvää, että tästä tulisi erilainen kokemus. Punaisia mattoja tai loistokkaita juhlia ei ollut, vaan ihmiset kulkivat rennosti t-paidoissa ja farkuissa nauttien **lämpimästä** iltailmasta. Pääsin erääseen esityspaikoista ja löysin itselleni istumapaikan läheltä etuosaa.

Tunnelma oli **rento** ja ystävällinen, ja ihmiset juttelivat ystävällisesti ennen esityksen alkua. Kun aurinko alkoi laskea, elokuvat alkoivat pyöriä yksi toisensa jälkeen. Katsoin sekoituksen uutuuselokuvia ja klassikoita, ja kaikkien elokuvien katsominen keskiyön auringon alla

Festival du film de Midnight Sun

Le Midnight Sun Film Festival est un événement **annuel** qui se déroule dans la ville de Sodankylä, en Finlande. Le festival a lieu pendant le solstice d'été, lorsque le soleil ne se couche jamais et que la nuit reste claire. Pendant une semaine, des cinéphiles du monde entier viennent découvrir des films de genres différents projetés sur des **écrans** installés dans toute la ville. Cette année, j'ai décidé de faire le voyage jusqu'à Sodankylä pour voir de quoi il retournait. Je ne savais pas trop à quoi m'attendre, mais j'avais hâte de changer de rythme par rapport à mes **festivals de** cinéma habituels. Dès mon arrivée en ville, il était clair que ce serait une expérience différente. Il n'y avait pas de tapis rouge ni de fêtes glamour, mais des gens qui se promenaient de manière décontractée en t-shirt et en jean, profitant de l'air **chaud de la** soirée. Je suis entré dans l'une des salles de projection et me suis trouvé un siège près de l'entrée.

L'atmosphère était **détendue** et amicale, les gens discutant amicalement avant le début du spectacle. Lorsque le soleil a commencé à se coucher, les films ont commencé à défiler les uns après les autres. J'ai

oli ainutlaatuinen **kokemus.** Oli jotain maagista olla pimeyden ympäröimänä ja silti nähdä selvästi; se sai kaiken tuntumaan intensiivisemmältä. Viikko kului elokuvien ja myöhäisillan **keskustelujen** lomassa. Sain uusia ystäviä ja sain unohtumattomia kokemuksia samalla kun nautin parhaista elokuvista, joita olen koskaan nähnyt. Kun nousin lentokoneeseen ja lähdin kotiin, tiesin jo, että palaan ensi vuonna hakemaan **uuden** annoksen Midnight Sunin taikaa.

Vuotta myöhemmin palasin Sodankylään Midnight Sun -elokuvafestivaalin toiselle kierrokselle. Tällä kertaa olin valmistautunut kokemukseen paremmin ja tiesin, mitä odottaa. Jälleen kerran löysin **itseni** uppoutumasta elokuvien ja **ystävyyden** maailmaan, valvoen myöhään yöhön asti katsomassa elokuvia ja keskustelemassa niistä uusien ystävien kanssa. Midnight Sun -elokuvafestivaaleista on tullut yksi suosikkitapahtumistani vuosittain. Se on ainutlaatuinen tilaisuus nähdä hienoja elokuvia unohtumattomassa ympäristössä, jossa on ihmisiä, jotka **rakastavat** elokuvia yhtä paljon kuin minä. Jos et ole vielä kokenut sitä itse, suosittelen lämpimästi tekemään matkan Sodankylään ainakin kerran; et tule katumaan!

regardé un mélange de nouveautés et de classiques, tous mis en valeur par l'**expérience** unique de les regarder sous le soleil de minuit. Il y avait quelque chose de magique dans le fait d'être entouré d'obscurité tout en étant capable de voir clairement ; cela rendait tout plus intense. La semaine s'est écoulée dans un flou de films et de **conversations** nocturnes. Je me suis fait de nouveaux amis et j'ai vécu des expériences inoubliables, tout en appréciant certains des meilleurs films que j'ai jamais vus. Alors que je montais dans mon avion pour rentrer chez moi, je savais déjà que je reviendrais l'année prochaine pour une **autre** dose de magie de Midnight Sun.

Un an plus tard, je suis retourné à Sodankylä pour une nouvelle édition du festival du film Midnight Sun. Cette fois, j'étais mieux préparée à cette expérience et je savais à quoi m'attendre. Une fois de plus, je **me suis retrouvé** plongé dans un monde de films et d'**amitié**, veillant tard dans la nuit pour regarder des films et en parler avec de nouveaux amis. Le festival du film Midnight Sun est devenu l'un de mes événements annuels préférés. C'est une occasion unique de voir de grands films dans un cadre inoubliable, entourée de personnes qui **aiment le** cinéma autant que moi. Si vous ne l'avez pas encore vécu, je vous recommande vivement de vous rendre à Sodankylä au moins une fois ; vous ne le regretterez pas !

Ymmärtämisen kysymykset

1. Mikä on Midnight Sun -elokuvafestivaali?

2. Milloin Midnight Sun Film Festival järjestetään?

3. Missä Midnight Sun Film Festival järjestetään?

4. Millainen sää on Midnight Sun Film Festivalin aikana?

5. Millaisia vaatteita ihmiset käyttävät Midnight Sun -elokuvafestivaaleilla?

6. Millainen ilmapiiri Midnight Sun -elokuvafestivaaleilla vallitsee?

7. Millaisia elokuvia Midnight Sun -elokuvafestivaaleilla esitetään?

8. Miten elokuvien katsominen keskiyön auringon alla parantaa kokemusta?

9. Mitä mieltä kirjailija on Midnight Sun -elokuvafestivaalista?

10. Suosittelisiko kirjoittaja Midnight Sun -elokuvafestivaalia muille?

Questions de compréhension

1. Qu'est-ce que le Midnight Sun Film Festival ?

2. Quand a lieu le festival du film Midnight Sun ?

3. Où se déroule le festival du film Midnight Sun ?

4. Quel temps fait-il pendant le festival du film Midnight Sun ?

5. Quel genre de vêtements les gens portent-ils au festival du film Midnight Sun ?

6. Quelle est l'atmosphère du festival du film Midnight Sun ?

7. Quel type de films est présenté au Midnight Sun Film Festival ?

8. Comment le fait de regarder des films sous le soleil de minuit améliore-t-il l'expérience ?

9. Que pense l'auteur du festival du film Midnight Sun ?

10. L'auteur recommanderait-il le Midnight Sun Film Festival à d'autres personnes ?

Ahvenanmaan saaristo

Ahvenanmaan saaristo on Itämerellä sijaitseva saariryhmä. Saaristossa elää monenlaista **luontoa**, kuten hylkeitä, delfiinejä ja valaita. Myös ihmiset ovat asuttaneet saaria vuosisatojen ajan, ja kulttuuri on rikas perinteineen. Yksi Ahvenanmaan saaristolle ominainen perinne on lahjojen antaminen juhannusaattona. Tänä yönä sanotaan, että keijut tulevat ulos tanssimaan ja leikkimään metsiin ja niityille. Jos jätät niille lahjan, ne siunaavat sinua hyvällä onnella. Juhannusaatto osuu joka vuosi 21. kesäkuuta, joten saarelaiset jättävät joka vuosi tänä päivänä pieniä lahjoja, kuten kukkia tai makeisia, eri puolille **kotejaan**. Jotkut ihmiset jättivät jopa pieniä veneitä täynnä ruokaa **uhriksi** näille taikaolennoille.

Lapsena menimme usein yöllä metsään etsimään merkkejä keijujen toiminnasta. Etsimme jalanjälkiä tai kimaltelevia pölypolkuja, jotka johtivat piilotettuihin aukeisiin, joilla arvelimme keijujen tanssivan. Emme tietenkään koskaan nähneet **oikeita** keijuja, mutta se oli silti hauskaa! Eräänä juhannusaattona, kun olin noin 10-vuotias, päätimme ystävieni kanssa jättää keijuille **erityisen** lahjan. Olimme kuulleet, että

Åland (Archipel d')

L'archipel d'Åland est un groupe d'îles situé dans la mer Baltique. L'archipel abrite une **faune** variée, notamment des phoques, des dauphins et des baleines. L'homme habite également les îles depuis des siècles, et la culture est riche en traditions. L'une d'entre elles, particulièrement unique à l'archipel d'Åland, consiste à offrir des cadeaux le soir de la Saint-Jean. Cette nuit-là, on dit que les fées sortent pour danser et jouer dans les forêts et les prairies. Si vous leur laissez un cadeau, elles vous porteront chance. La veille de la Saint-Jean tombe le 21 juin de chaque année, et donc chaque année à cette date, les insulaires laissaient des petits cadeaux comme des fleurs ou des bonbons à différents endroits autour de leurs **maisons**. Certains laissaient même des petits bateaux remplis de nourriture en guise d'**offrande** à ces créatures magiques.

Lorsque nous étions enfants, nous sortions souvent dans les bois la nuit à la recherche de signes d'activité des fées. Nous cherchions des empreintes de pas ou des traces de poussière scintillante menant à des clairières cachées où nous pensions qu'elles pouvaient danser. Bien sûr, nous n'avons jamais vu de **vraies**

ne pitävät makeisista, joten teimme sokerikeksejä kukkien ja sydämien muotoon. Sitten käärimme ne kauniiseen kankaaseen ja jätimme ne metsäaukean reunalle. Odottelimme hiljaa jonkin aikaa, mutta mitään merkkejä toiminnasta ei näkynyt. Juuri kun olimme valmistautumassa **lähtöön**, kuulimme pusikosta **kahinaa.**

Jähmettyimme paikallemme tietämättä, mitä tehdä. Yhtäkkiä aluskasvillisuudesta ilmestyi kaksi pientä **olentoa,** joilla oli siivet! Ne olivat juuri sellaisia kuin kuvittelimme keijujen näyttävän! Keijut lensivät sinne, missä lahjamme **odottivat,** ja alkoivat avata niitä innokkaasti. Ne näyttivät ilahtuvan lahjastamme ja siunasivat meidät hyvällä onnella ennen kuin lensivät yhdessä yötaivaalle. Se oli **unohtumaton** kokemus, jota tulen aina vaalimaan. Tuon taianomaisen yön jälkeen olen joka vuosi jatkanut perinnettä jättää keijuille lahjoja. Siitä on tullut erityinen osa juhannusjuhlaani. Tiedän, että he arvostavat sitä, ja minusta tuntuu hyvältä, kun voin tehdä heille jotain mukavaa.

fées, mais c'était quand même très amusant ! Un soir de la Saint-Jean, alors que j'avais environ 10 ans, mes amis et moi avons décidé de laisser un cadeau **spécial** aux fées. Nous avions entendu dire qu'elles aimaient les sucreries, alors nous avons fait des biscuits en sucre en forme de fleurs et de cœurs. Nous les avons ensuite enveloppés dans un joli tissu et les avons laissés à l'orée d'une clairière. Nous avons attendu tranquillement pendant un moment, mais il n'y avait aucun signe d'activité. Alors que nous nous apprêtions à **partir, nous avons** entendu un bruissement **dans** les buissons.

Nous sommes restés figés sur place, ne sachant que faire. Soudain, deux petites **créatures** avec des ailes sont sorties du sous-bois ! Elles étaient exactement comme les fées que nous imaginions ! Les fées ont volé jusqu'à l'endroit où **se trouvaient** nos cadeaux et ont commencé à les déballer avec empressement. Elles semblaient ravies de notre offrande et nous ont béni avec bonne chance avant de s'envoler ensemble dans le ciel nocturne. Ce fut une expérience **inoubliable que** je chérirai toujours. Chaque année depuis cette nuit magique, j'ai perpétué la tradition de laisser des cadeaux aux fées. C'est devenu une partie spéciale de mes célébrations de la Saint-Jean. Je sais qu'elles l'apprécient et cela me fait du bien de pouvoir faire quelque chose de gentil pour elles.

Ymmärtämisen kysymykset

1. Mikä on Ahvenanmaan saaristo?

2. Millaista villieläimistöä saarilla on?

3. Kuinka kauan ihmiset ovat asuttaneet Ahvenanmaan saaristoa?

4. Mikä on perinne antaa lahjoja juhannusaattona?

5. Miltä keijut näyttävät?

6. Mikä on juhannuksen merkitys?

7. Millaisia lahjoja ihmiset jättävät keijuille?

8. Mitä kirjailija ja hänen ystävänsä tekivät juhannusaattona?

9. Mitä tapahtui, kun kirjailija ja hänen ystävänsä jättivät lahjan keijuille?

10. Arvostavatko keijut heille jätettyjä lahjoja?

Questions de compréhension

1. Qu'est-ce que l'archipel d'Åland ?

2. Quel genre de faune et de flore peut-on trouver sur ces îles ?

3. Depuis combien de temps l'homme habite-t-il l'archipel d'Åland ?

4. Quelle est la tradition d'offrir des cadeaux le soir de la Saint-Jean ?

5. A quoi ressemblent les fées ?

6. Quelle est la signification de la nuit de la Saint-Jean ?

7. Quel genre de cadeaux les gens laissent-ils aux fées ?

8. Qu'ont fait l'auteur et ses amis le soir de la Saint-Jean ?

9. Que s'est-il passé lorsque l'auteur et ses amis ont laissé un cadeau aux fées ?

10. Les fées apprécient-elles les cadeaux qu'on leur laisse ?

Rannalla

Auringonnousun jälkeen aallot ovat kovempia ja hiekka vuoroveden yläpuolella on valkoista. Kävelen rannalle ja **ihailen** merta ja aurinkoa. Varpaani tuntevat simpukankuorien urat. Hiekka on kylmää varpaillani. Hymyilen ja jatkan matkaa. Vuorovesi on korkealla, joten minun on oltava varovainen, ettei minua vedetä sisään. Kävelen vesirajaa pitkin ja ihailen merta. Auringonnousu on **kaunis, ja** aallot pauhaavat. Minusta tuntuu niin rauhalliselta. Tulen paikkaan, jossa on kalliopaljastuma. Istun alas ja katselen aaltoja. Vesi on niin sinistä ja taivas on niin **oranssi**. Minusta tuntuu kuin olisin unessa. Suljen silmäni ja kuuntelen vain aaltoja. Istuin siinä pitkään, kunnes kuulin jonkun huutavan nimeäni.

Avaan silmäni ja näen äitini kävelevän minua kohti. Hänellä on huolestunut ilme kasvoillaan. Hymyilen ja vilkutan, ja hän **rentoutuu**. "Ihmettelinkin, minne menit", hän sanoo. "Olen iloinen, että nautit rannasta." Vastaan: "Niin nautin." "Täällä on niin kaunista." "Tiedän", hän sanoo. "Kävin täällä aina, kun olin sinun ikäisesi." "Niinkö?" Kysyn. "Joo", hän vastaa. "Se on erityinen paikka." "Tapasitko täällä koskaan ketään erityistä?" Kysyn. "Olen", hän vastaa hymyillen. "Isäsi." "Niinkö?" Sanon **yllättyneenä**. "Kyllä", hän sanoo. "Meillä oli

A la plage

Après le lever du soleil, les vagues sont plus fortes et le sable au-dessus de la marée est blanc. Je marche jusqu'à la plage, **admirant** la mer et le soleil. Mes orteils sentent les rainures des coquillages. Le sable est froid sur mes orteils. Je souris et je continue. La marée est haute, alors je dois faire attention à ne pas me laisser entraîner. Je marche le long du bord de l'eau, en admirant la mer. Le lever du soleil est **magnifique**, et les vagues s'écrasent. Je me sens si paisible. J'arrive à un endroit où il y a un affleurement rocheux. Je m'assieds et je regarde les vagues. L'eau est si bleue et le ciel est si **orange**. J'ai l'impression d'être dans un rêve. Je ferme les yeux et je me contente d'écouter les vagues. Je suis restée assise pendant un long moment, jusqu'à ce que j'entende quelqu'un m'appeler.

J'ouvre les yeux et je vois ma mère marcher vers moi. Elle a un air inquiet sur le visage. Je souris et je lui fais signe, et elle **se détend**. "Je me demandais où tu étais allée", dit-elle. "Je suis contente que tu profites de la plage." Je réponds : "J'en profite." "C'est tellement beau ici." "Je sais", dit-elle. "Je venais ici tout le temps quand j'avais ton âge." "Vraiment ?" Je demande. "Ouais", répond-elle. "C'est un endroit spécial." "As-tu déjà rencontré quelqu'un de spécial ici ?" Je demande. "Oui",

tapana tulla tänne koko ajan yhdessä. Rakastuimme täällä. " Hymyilen ja **kuvittelen** vanhempieni rakastuvan tällä kauniilla rannalla. "Se on erityinen paikka", hän toistaa. "Olen iloinen, että tulit tänne tänään."

Istumme siinä vielä hetken aikaa ja **katselemme** aaltoja ja auringonlaskua. Sitten nousemme ylös ja kävelemme takaisin rantapyyhkeillemme. Minä makaan ja katselen tähtiä. Tunnen itseni niin onnelliseksi ja tyytyväiseksi. Aallot ovat nyt kovempia, ja hiekka on kylmää. Aurinko laskee ja viileä tuuli puhaltaa. Aallot iskeytyvät rantaan, ja ilmassa on suolan tuoksu. On täydellinen ilta olla rannalla. Kävelen rantaa pitkin, **kuuntelen** aaltojen kohinaa ja katselen auringonlaskua. Näen ryhmän ihmisiä istumassa hiekalla, nauramassa ja vitsailemassa. He näyttävät pitävän hauskaa. Kävelen heidän luokseen ja kysyn, voinko liittyä heidän seuraansa. He suostuvat, ja vietämme loppuillan jutellen, nauraen ja **auringonlaskua** katsellen. Se on täydellinen ilta. Juttelemme ryhmän kanssa auringonlaskuun asti. Jaamme tarinoita ja vitsejä, ja meillä kaikilla on hauskaa. Kun ilta alkaa laskea, meitä kaikkia alkaa väsyttää. Annamme toisillemme **jäähyväissuukon** ja eroamme toisistamme.

répond-elle avec un sourire. "Ton père." "Vraiment ?"
Je dis, **surpris**. "Oui," dit-elle. "Nous avions l'habitude
de venir ici tout le temps ensemble. C'est là que nous
sommes tombés amoureux. " Je souris, **imaginant**
mes parents tombant amoureux sur cette magnifique
plage. " C'est un endroit spécial ", répète-t-elle. "Je suis
contente que tu sois venu ici aujourd'hui."

Nous restons assis là un moment de plus, à **regarder**
les vagues et le coucher de soleil. Puis nous nous
levons et retournons à nos serviettes de plage.
Je m'allonge et regarde les étoiles. Je me sens si
heureuse et satisfaite. Les vagues sont plus fortes
maintenant, et le sable est froid. Le soleil se couche et
une brise fraîche souffle. Les vagues s'écrasent sur le
rivage et l'odeur du sel flotte dans l'air. C'est une soirée
parfaite pour être à la plage. Je me promène le long du
rivage, en **écoutant le** bruit des vagues et en regardant
le coucher du soleil. Je vois un groupe de personnes
assises sur le sable, qui rient et plaisantent. Ils ont
l'air de passer un bon moment. Je m'approche d'eux
et leur demande si je peux les rejoindre. Ils acceptent
et nous passons le reste de la soirée à parler, à rire
et à regarder le **coucher de soleil**. C'est une soirée
parfaite. Le groupe et moi parlons jusqu'au coucher du
soleil. Nous partageons des histoires et des blagues, et
nous passons tous un bon moment. À la tombée de la
nuit, nous commençons tous à nous sentir fatigués.

Ymmärtämisen kysymykset

1. Minne kertoja menee herättyään?

2. Mitä kertoja ihailee kävellessään rannalla?

3. Mitä kertojan on varottava kävellessään rannalla?

4. Mihin kertoja istuu nauttimaan maisemista?

5. Kuinka kauan kertoja istuu siinä?

6. Kenet kertoja näkee avatessaan silmänsä uudelleen?

7. Mitä kertojan äiti sanoo?

8. Mistä kertoja ja hänen tapaamansa ihmiset puhuvat?

Questions de compréhension

1. Où va la narratrice après son réveil ?

2. Qu'est-ce que la narratrice admire en marchant le long de la plage ?

3. De quoi la narratrice doit-elle se méfier lorsqu'elle marche le long de la plage ?

4. Où le narrateur s'assoit-il pour profiter de la vue ?

5. Combien de temps le narrateur reste-t-il assis là ?

6. Qui la narratrice voit-elle lorsqu'elle ouvre à nouveau les yeux ?

7. Que dit la mère du narrateur ?

8. De quoi parlent la narratrice et les personnes qu'elle rencontre ?

Telttailu järvellä

Kävelen kohti järveä ja **ihailen** maiseman
rauhallisuutta. Aurinko paistaa pienelle järvelle ja saa
veden näyttämään kuin lasilevyltä. Ainoa liike on kalan
satunnainen aaltoilu, kun kala **rikkoo** pinnan. Jopa
linnut näyttävät pitävän taukoa helteestä, ja ilmaa
täyttää vain kurjenmurujen ääni. **Yhtäkkiä** rauhan
rikkoo kova roiskahdus. Suuri **kala** on hypännyt
vedestä yrittäen napata sudenkorentoa. Kala ei osu
kohteeseensa ja putoaa takaisin veteen roiskuen. "Vau",
ajattelen itsekseni, "se oli iso kala!". Katsoin ympärilleni
nähdäkseni, oliko kukaan muu nähnyt sitä, mutta
paikalla ei ollut ketään. Minun on kai kerrottava heille,
kun palaan leiriin.

Kuumuus on **painostava**, ja hengittäminen on vaikeaa.
Ilma on paksua ja raskasta, kuin huopa, joka on
kietoutunut ympärillesi. Ainoa helpotus on vesi. Se
on viileää ja virkistävää, kuin kylmä juoma kuumana
päivänä. Vedän syvään henkeä ja sukellan veteen.
Helpotus on välitön, kun viileä vesi ympäröi minut. Uin
pohjaan asti ja sitten takaisin pintaan, tunnen veden
viilentävän kehoani. Jatkan **uintia** kierroksia nauttien
hengähdystauosta kuumuudesta. Jonkin ajan kuluttua
nousen vedestä ja asetun nurmikolle makaamaan, jotta
aurinko voisi kuivattaa kehoni. Suljen silmäni ja vaipun

Camping au lac

Je me dirige vers le lac, **admirant** la tranquillité de la scène. Le soleil tape sur le petit lac, faisant ressembler l'eau à une feuille de verre. Le seul mouvement est l'ondulation occasionnelle d'un poisson **brisant la** surface. Même les oiseaux semblent prendre une pause de la chaleur, avec seulement le son des cigales remplissant l'air. **Soudain**, la paix est rompue par un grand plouf. Un gros **poisson** a sauté hors de l'eau, essayant d'attraper une libellule. Le poisson rate sa cible et retombe dans l'eau avec un plouf. "Wow," je me dis, "c'était un gros poisson !". J'ai regardé autour de moi pour voir si quelqu'un d'autre l'avait vu, mais il n'y avait personne. Je suppose que je devrai leur dire quand je rentrerai au camp.

La chaleur est **oppressante**, il est difficile de respirer. L'air est épais et lourd, comme une couverture qui vous enveloppe. Le seul soulagement est dans l'eau. Elle est fraîche et rafraîchissante, comme une boisson fraîche par une journée chaude. Je prends une profonde inspiration et je plonge dans l'eau. Le soulagement est immédiat car l'eau fraîche m'entoure. Je nage jusqu'au fond, puis remonte à la surface, sentant l'eau refroidir mon corps. Je continue à **faire** des longueurs, appréciant le répit de la chaleur. Après un moment,

uneen, ja **kurjenmiekkojen** ääni tuudittaa minut syvään uneen. Annan auringon paahtaa veden pois iholtani. Tunnen ihoni punoittavan, mutta en välitä. Minulla on liian kuuma välittääkseni.Seuraavaksi huomaan, että aurinko laskee. Taivas on kauniin oranssi, ja siinä on vaaleanpunaisia ja violetteja raitoja. Kuumuus on kadonnut, ja tilalle on tullut viileä **tuulenvire**.

Nousen ylös ja puen vaatteeni takaisin päälleni tuntien itseni virkistyneeksi ja nuoreksi. **Hengitän** syvään viileää ilmaa ja hymyilen. Tuntuu hyvältä olla elossa. Kävelen takaisin leirintäalueelle ja ihailen, miten värit tanssivat taivaalla. Näen leirinuotion palavan kaukana, ja voin haistaa savun ilmassa. Hymyilen ja **nopeutan** vauhtiani. Olen valmis rentoutumaan ja nauttimaan loppuillasta. Kävelen leirintäalueelle ja näen, että kaikki ovat kokoontuneet nuotion ympärille. He **nauravat** ja vitsailevat, ja näen tulen heijastuvan heidän silmissään. Hymyilen ja istahdan ystävieni viereen. On hyvä olla taas täällä. Seuraavana aamuna herään aikaisin ja alan pakata tavaroitani. Olen innokas palaamaan polulle ja jatkamaan matkaani. Hyvästelen ystäväni ja lähden kävelemään pois. Kävellessäni vilkaisen vielä kerran **leirintäaluetta**. Näen nuotion yhä palavan kaukana, ja voin haistaa savun ilmassa. Hymyilen ja nopeutan vauhtiani. Olen valmis jatkamaan **matkaani**.

je sors de l'eau et je m'allonge sur l'herbe, laissant le soleil sécher mon corps. Je ferme les yeux et m'endors, le son des **cigales** me berce dans un profond sommeil. Je laisse le soleil faire sortir l'eau de ma peau. Je sens que ma peau devient rouge, mais je m'en moque. J'ai trop chaud pour m'en soucier. La prochaine chose que je sais, c'est que le soleil se couche. Le ciel est d'un bel orange, avec des traces de rose et de violet. La chaleur a disparu, remplacée par une **brise** fraîche.

Je me lève et me rhabille, me sentant rafraîchie et rajeunie. Je **respire** profondément l'air frais et je souris. C'est bon d'être en vie. Je retourne au camping, en admirant la façon dont les couleurs dansent dans le ciel. Je peux voir le feu de camp qui brûle au loin et je peux sentir la fumée dans l'air. Je souris et j'**accélère le** pas. Je suis prête à me détendre et à profiter du reste de ma soirée. J'entre dans le camping et je vois que tout le monde est rassemblé autour du feu. Ils **rient** et plaisantent, et je peux voir le feu se refléter dans leurs yeux. Je souris et m'assieds à côté de mes amis. C'est bon d'être de retour. Le lendemain matin, je me réveille tôt et je commence à préparer mes affaires. J'ai hâte de retourner sur le sentier et de poursuivre mon voyage. Je dis au revoir à mes amis et commence à m'éloigner. En marchant, je jette un dernier regard sur le **camping**. Je peux voir le feu qui brûle toujours au loin et je peux sentir la fumée dans l'air. Je souris et j'accélère le pas. Je suis prêt à poursuivre mon **voyage**.

Ymmärtämisen kysymykset

1. Minne kävelijä on menossa?

2. Millainen sää on?

3. Miltä vesi näyttää?

4. Miten kävelijä reagoi lämpöön?

5. Mitä kala tekee?

6. Miksi kävelijä on yksin?

7. Miltä vesi tuntuu?

8. Miltä kävelijästä tuntuu uinnin jälkeen?

9. Mihin aikaan päivästä kävelijä herää?

10. Minne kävelijä menee, kun hän lähtee leiristä?

Questions de compréhension

1. Où va le marcheur ?

2. Quel temps fait-il ?

3. À quoi ressemble l'eau ?

4. Comment le marcheur réagit-il à la chaleur ?

5. Que fait le poisson ?

6. Pourquoi le marcheur est-il seul ?

7. Quelle est la sensation de l'eau ?

8. Comment le marcheur se sent-il après avoir nagé ?

9. A quelle heure de la journée le déambulateur se réveille-t-il ?

10. Où va le marcheur quand il quitte le camp ?

Talo

Muutin uuteen talooni viime viikolla, ja olen niin **innoissani**! Se on paljon isompi kuin vanha taloni, ja siinä on iso takapiha. En malta odottaa, että pääsen kutsumaan ystäviä grillaamaan ja juhlimaan. Lempiosani on uusi makuuhuoneeni. Se on niin iso ja valoisa, ja minulla on paljon tilaa laittaa kaikki tavarani. Olen todella tyytyväinen uuteen talooni ja uskon, että tulen viihtymään täällä hyvin. Päätin tutkia taloa vähän enemmän. Menin yläkertaan toiseen kerrokseen ja lähdin kulkemaan kohti keittiötä, kun näin seinällä ison mustan hämähäkin! Huusin ja juoksin alakertaan. Olin niin **peloissani**! Mutta muutaman minuutin kuluttua rauhoituin ja päätin mennä takaisin yläkertaan. Pääsin hitaasti keittiöön ja näin, että hämähäkki oli kadonnut. Olin niin helpottunut! Menin takaisin alakertaan ja päätin mennä ulos tutkimaan **takapihaa**. Se oli niin iso! En voinut uskoa sitä. Näin nurkassa keinun ja liukumäen. Näin myös koripalloverkon ja **trampoliinin**. Olin niin innoissani!

En malta odottaa, että pääsen käyttämään kaikkia näitä uusia juttuja. **Naapurit** tulivat ja esittäytyivät. He vaikuttivat todella mukavilta, ja juttelimme jonkin aikaa. He kutsuivat minut ensi viikonloppuna grillijuhliinsa, ja sanoin, että tulen mielelläni. Ensimmäinen viikko uudessa talossani oli mahtava, ja olen innoissani

La Maison

J'ai emménagé dans ma nouvelle maison la semaine dernière, et je suis si **excitée** ! Elle est tellement plus grande que l'ancienne, et elle a un grand jardin. J'ai hâte d'inviter des amis pour des barbecues et des fêtes. Ce que je **préfère,** c'est ma nouvelle chambre. Elle est si grande et lumineuse, et j'ai beaucoup d'espace pour mettre toutes mes affaires. Je suis très contente de ma nouvelle maison et je pense que je serai très heureuse ici. J'ai décidé d'explorer un peu plus la maison. Je suis monté au deuxième étage et j'ai commencé à me diriger vers la cuisine quand j'ai vu une grosse araignée noire sur le mur ! J'ai crié et j'ai couru en bas. J'avais tellement **peur** ! Mais après quelques minutes, je me suis calmée et j'ai décidé de retourner à l'étage. J'ai lentement fait mon chemin vers la cuisine et j'ai vu que l'araignée était partie. J'étais tellement soulagée ! Je suis redescendu et j'ai décidé de sortir pour explorer le **jardin**. Elle était si grosse ! Je n'arrivais pas à y croire. J'ai vu une balançoire dans le coin et un toboggan. J'ai aussi vu un filet de basket et un **trampoline**. J'étais tellement excitée!

J'ai hâte d'utiliser tous ces nouveaux trucs. Les **voisins** sont venus et se sont présentés. Ils avaient l'air très gentils, et nous avons parlé un moment. Ils m'ont invité à leur barbecue le week-end prochain, et j'ai dit que j'aimerais beaucoup venir. J'ai passé une excellente

kaikista tulevista uusista seikkailuista. Tänään aion
mennä taas tutkimaan takapihalle ja katsoa, mitä muuta
löydän. Kuka tietää, ehkä löydän jopa jonkin **aarteen**.
En malta odottaa, mitä ensi viikko tuo tullessaan!
Seuraavalla viikolla lähdin taas tutkimaan takapihaa,
ja löysin **salaisen** puutarhan. Se oli niin kaunis! Siellä
oli kukkia kaikkialla ja pieni lampi, jossa oli kaloja. Näin
myös keinun, jota en ollut nähnyt aiemmin. Olin niin
innoissani, kun löysin tämän salaisen puutarhan, enkä
malta odottaa, että pääsen tutkimaan sitä lisää. Se oli
niin **kaunis**!

Kaikkialla oli kukkia ja pieni lampi, jossa oli kaloja.
Näin myös **keinun**, jota en ollut nähnyt aiemmin. Olin
niin innoissani, kun löysin tämän salaisen puutarhan,
enkä malta odottaa, että pääsen tutkimaan sitä lisää.
Rakastin myös uutta huonettani. Se oli niin iso ja
valoisa, ja seinillä oli jo lempibändieni julisteita. Minun
ei edes tarvinnut tuoda omia **huonekalujani, koska**
täällä oli jo sänky, lipasto ja kirjoituspöytä. Tästä tulee
paras vuosi ikinä! Olin hieman hermostunut aloittamaan
uudessa **koulussa, mutta** kaikki uudet naapurini
ovat olleet niin ystävällisiä. Tapasin jopa naapurissa
asuvan tytön, joka lupasi kävellä kanssani kouluun
ensimmäisenä päivänä.

première semaine dans ma nouvelle maison et j'ai hâte de vivre toutes les nouvelles aventures qui m'attendent. Aujourd'hui, je vais encore aller explorer le jardin et voir ce que je peux trouver d'autre. Qui sait, peut-être vais-je même trouver un **trésor**. J'ai hâte de voir ce que la semaine prochaine nous réserve ! La semaine suivante, je suis retourné explorer le jardin et j'ai trouvé un jardin **secret**. C'était tellement beau ! Il y avait des fleurs partout et un petit étang avec des poissons dedans. J'ai aussi vu une balançoire que je n'avais jamais vue auparavant. J'étais si excitée de trouver ce jardin secret, et j'ai hâte de l'explorer davantage. C'était tellement **beau** !

Il y avait des fleurs partout et un petit étang avec des poissons dedans. J'ai aussi vu une **balançoire** que je n'avais jamais vue auparavant. J'étais si excitée de trouver ce jardin secret, et j'ai hâte de l'explorer davantage. J'ai aussi adoré ma nouvelle chambre. Elle était si grande et lumineuse, et il y avait déjà des posters de mes groupes préférés sur les murs. Je n'ai même pas eu besoin d'apporter mes propres **meubles** car il y avait déjà un lit, une commode et un bureau. Ça va être la meilleure année de ma vie ! J'étais un peu nerveux à l'idée de commencer dans une nouvelle **école**, mais tous mes nouveaux voisins ont été si gentils. J'ai même rencontré une fille qui habite à côté et elle m'a dit qu'elle m'accompagnerait à l'école le premier jour.

Ymmärtämisen kysymykset

1. Missä henkilö asuu?

2. Millaista on asua uudessa talossa?

3. Mikä on henkilön lempiosuus uudessa talossa?

4. Mitä henkilö löysi puutarhasta?

5. Ketkä ovat naapureita?

6. Miltä tuntuivat henkilön ensimmäiset päivät uudessa talossa?

7. Mikä on henkilön lempiosuus uudessa huoneessa?

8. Mitä henkilö aikoo tehdä huomenna?

9. Mikä oli parasta henkilön ensimmäisessä viikossa uudessa talossa?

10. Mitä kaikkea henkilön uudessa huoneessa on?

Questions de compréhension

1. Où vit la personne ?

2. Comment la personne se sent-elle dans sa nouvelle maison ?

3. Quelle est la partie de la nouvelle maison que la personne préfère ?

4. Qu'est-ce que la personne a trouvé dans le jardin ?

5. Qui sont les voisins ?

6. Comment se sont passés les premiers jours de la personne dans sa nouvelle maison ?

7. Quelle est la partie de la nouvelle pièce que la personne préfère ?

8. Qu'est-ce que la personne prévoit de faire demain ?

9. Quelle a été la meilleure partie de la première semaine de la personne dans sa nouvelle maison ?

10. Qu'y a-t-il dans la nouvelle chambre de la personne ?

Junassa

Juoksin juna-asemalle, mutta olin liian myöhässä.
Juna oli jo lähtenyt ilman minua. Olin niin **vihainen** ja
pettynyt itseeni. Olin suunnitellut meneväni junalla
maalla asuvien isovanhempieni luo, mutta nyt minun
pitäisi odottaa seuraavaa junaa kokonainen tunti. Päätin
sen sijaan kävellä hetken kaupungilla ja yritin unohtaa
menetetyn tilaisuuden. Kävellessäni aloin **haaveilla**
kaikista niistä paikoista, joihin **junalla** voi päästä.
Yhtäkkiä en ollutkaan enää niin järkyttynyt. Suuntasin
takaisin asemalle enkä voinut olla huomaamatta suurta
punaista, valkoista ja sinistä veturia, joka kurvailee
minua kohti. Vasta kun näen **konduktöörin** vilkuttavan
minulle ikkunasta, tajuan, että tämä juna on minua
varten. Nousen junaan, etsin istumapaikkani ja asetun
odottamaan pitkää matkaa.

Kun lähdemme asemalta, en voi olla miettimättä, minne
tämä juna vie minut. Vihreiden **peltojen** halki ja sinisten
jokien yli, vuorten ja laaksojen ohi, ei voi tietää, minne
tämä vanha juna vie. Kun yö alkaa laskeutua, vaipun
rauhalliseen uneen, jota vaunujen **rytmikäs** liike
raiteilla tuudittaa. Kun aamu taas koittaa, avaan silmäni
ja huomaan, että olemme saapuneet pikkukaupunkiin
jossain keskellä ei mitään. Aurinko kurkistaa juuri
horisontin takaa, kun paikalliset alkavat vilskeillä

Dans le train

J'ai couru jusqu'à la gare, mais c'était trop tard. Le train était déjà parti sans moi. Je me suis sentie tellement **en colère** et **déçue** de moi-même. J'avais prévu de prendre le train pour rendre visite à mes grands-parents qui vivent à la campagne, mais maintenant je devais attendre le prochain train pendant une heure entière. J'ai décidé de me promener un peu dans la ville à la place et j'ai essayé d'oublier cette occasion manquée. En marchant, j'ai commencé à **rêver à** tous les endroits où le **train** peut vous emmener. Soudain, je n'étais plus aussi contrariée. Je suis retourné dans la gare et je n'ai pu m'empêcher de remarquer la grande locomotive rouge, blanche et bleue qui se dirigeait vers moi. Ce n'est que lorsque je vois le **conducteur** me faire signe par la fenêtre que je réalise que ce train est pour moi. Je monte dans le train et trouve mon siège, m'installant pour ce qui promet d'être un long voyage.

Alors que nous sortons de la gare, je ne peux m'empêcher de me demander où ce train va m'emmener. À travers des **champs** verts et des rivières bleues, en passant par des montagnes et des vallées, on ne sait pas où ce vieux train va aller. À la tombée de la nuit, je m'endors **paisiblement**, bercé par le mouvement **rythmique** des wagons sur les rails en contrebas. Quand le matin revient, j'ouvre les yeux

pääkadulla; näyttää ihan samalta kuin mikä tahansa päivä täällä, paitsi yksi asia - kaupungintalon lähellä on iso kyltti, jossa lukee "Tervetuloa kyytiin!". Vaikuttaa siltä, että tämä pieni kaupunki on odottanut meitä, vaikka olemme vain tavallinen matkustajajuna, joka on matkalla muualle. Kun jätämme kaupungin jälleen kerran taaksemme ja puksuttelemme kohti ties minne seuraavaksi, hymyilen kaikille ystävällisille kasvoille, jotka vilkuttavat hyvästiksi noista pienistä taloista, jotka sijaitsevat **viljelysmaan** keskellä - on todella hämmästyttävää, miten jokin näennäisen tavallinen asia voi tuoda niin paljon iloa vain kulkemalla ohi. Ja sitten ovat tietenkin **lapset**.

Nojaan veturini ikkunasta ulos. He saavat minut aina tuntemaan itseni niin onnelliseksi kiiltävine silmineen ja leveine virneineen. Vilkutan heille tarmokkaasti takaisin ennen kuin palaan **hyttiini** ja istahdan alas. Päivä on ollut jo pitkä, mutta se ei ole vielä ohi; on vielä muutama tunti aikaa, ennen kuin saavumme lopulliseen **määränpäähämme**. Otan kirjani esiin ja alan lukea, annan junan rytmikkään keinumisen tuudittaa minut rauhalliseen tilaan.

pour constater que nous sommes arrivés dans une petite ville quelque part au milieu de nulle part. Le soleil pointe à peine à l'horizon et les habitants commencent à s'agiter dans la rue principale ; c'est un jour comme les autres ici, à l'exception d'une chose : il y a un grand panneau près de l'hôtel de ville qui dit "Bienvenue à bord". Il semble que cette petite ville nous attendait, même si nous ne sommes qu'un train de **voyageurs** ordinaire qui passe par là pour aller ailleurs. Alors que nous laissons la ville derrière nous une fois de plus, en direction d'on ne sait où, je souris à tous les visages amicaux qui nous saluent depuis ces petites maisons nichées au milieu des **terres agricoles - c**'est vraiment étonnant de voir comment quelque chose d'apparemment si ordinaire peut apporter tant de joie simplement en passant par là. Et puis, bien sûr, il y a les **enfants**.

Je me penche par la fenêtre de ma locomotive. Ils me rendent toujours si heureux avec leurs yeux brillants et leurs grands sourires. Je leur fais un signe de la main énergique avant de retourner dans ma **cabine** et de m'asseoir. La journée a déjà été longue, mais elle n'est pas encore terminée ; il reste encore quelques heures avant d'atteindre notre **destination** finale. Je sors mon livre et commence à lire, laissant le balancement rythmique du train me bercer dans un état paisible.

Ymmärtämisen kysymykset

1. Minne juna on menossa?

2. Ketkä matkustavat junassa?

3. Milloin juna lähtee?

4. Miten päähenkilö pääsee junaan?

5. Mistä juna tulee?

6. Minne juna menee seuraavaksi?

7. Milloin matkustajat saapuivat?

8. Miltä päähenkilöstä tuntuu, kun hän myöhästyy junasta?

9. Miten junankuljettaja reagoi nähdessään päähenkilön?

10. Miksi päähenkilö pitää junista?

Questions de compréhension

1. Où va le train ?

2. Qui voyage dans le train ?

3. Quand le train part-il ?

4. Comment le protagoniste monte-t-il dans le train ?

5. D'où vient le train ?

6. Où le train va-t-il ensuite ?

7. Quand les passagers sont-ils arrivés ?

8. Que ressent le protagoniste lorsqu'il rate le train ?

9. Comment le conducteur du train réagit-il lorsqu'il voit le protagoniste ?

10. Pourquoi le protagoniste aime-t-il les trains ?

Ruoanlaitto illallinen

Kello on nyt viisi iltapäivällä, ja kävelen töistä kotiin.
Odotan **innolla** rauhallista iltaa kotona kumppanini
kanssa. Laitamme yhdessä illallista ja sitten vain
rentoudumme loppuillan. Tuntuu hyvältä tietää,
ettei minulla ole tänä **iltana** mitään suunnitelmia
tai velvollisuuksia. Saavun kotiin, ja kumppanini
on jo keittiössä ja alkaa valmistaa illallista. Täällä
tuoksuu **ihanalta!** Juttelemme kokatessamme,
kerromme toistemme päivistä ja jaamme pieniä
tarinoita työelämästä. Keittiö on lempihuoneeni
asunnossamme. Rakastan ruoanlaittoa, ja erityisesti
rakastan ruoanlaittoa kumppanini kanssa. Meillä on
täällä aina niin hauskaa, kun nauramme ja vitsailemme
kokkaillessamme. Lisäksi ruoka on aina **uskomatonta**,
kun työskentelemme **yhdessä**.

Tänä iltana teemme yhtä kaikkien aikojen
suosikkirecepteistäni: parmesaanikanaa. Kumppanini
aloittaa paneroimalla kanan, kun minä saan kastikkeen
kiehumaan **liedellä**. Työskentelemme yhdessä kuin
hyvin öljytty kone, ja ennen pitkää illallinen on valmis
tarjoiltavaksi. Istumme pienen keittiön pöydän ääreen
lautaset täynnä parmesaanikanaa, pastaa ja salaattia.
Juomme lasit yhteen ja otamme ensimmäisen suupalan
- ja se on **taivaallista**! Kana on rapeaa ulkoa mutta

Cuisiner le dîner

Il est 17 heures et je rentre à pied du travail. J'ai **hâte** de passer une soirée tranquille à la maison avec mon partenaire. Nous allons préparer le dîner ensemble et nous détendre pour le reste de la nuit. C'est agréable de savoir que je n'ai aucun projet ni aucune obligation ce **soir**. J'arrive à la maison et mon partenaire est déjà dans la cuisine, en train de préparer notre dîner. Ça sent **très bon** ici ! Nous bavardons tout en cuisinant, prenant des nouvelles de nos journées respectives et partageant des petites histoires de nos vies professionnelles. La cuisine est ma pièce préférée dans notre appartement. J'adore cuisiner, et j'aime particulièrement cuisiner avec mon partenaire. Nous passons toujours un bon moment ici, à rire et à plaisanter pendant que nous cuisinons. De plus, la nourriture est toujours **incroyable** lorsque nous travaillons **ensemble**.

Ce soir, nous faisons l'une de mes recettes préférées : le **poulet au** parmesan. Mon partenaire commence par paner le poulet pendant que je fais mijoter la sauce sur la **cuisinière**. Nous travaillons ensêmble comme une machine bien huilée, et en peu de temps, le dîner est prêt à être servi. Nous nous asseyons à notre petite table de cuisine avec des **assiettes** remplies de poulet

mehukasta sisältä; kastike on maukasta ja täydellistä; pasta on kypsää al dente... kaikki maistuu tänä iltana aivan täydelliseltä. Me molemmat tiedämme, että tämä oli yksi niistä illoista, jolloin kaikki vain sopi täydellisesti yhteen, kun **nautimme** herkullisen ateriamme joka ikisen suupalan. Se maistui jopa paremmalta kuin se tuoksui - mikä oli pirun hyvä! Syömme ateriamme suhteellisen nopeasti loppuun, sillä kummallakaan meistä ei ole tänään erityisen nälkä, mutta nautimme kaikessa rauhassa vielä muutaman **lasillisen** viiniä jutellessamme kevyesti tästä ja tuosta aiheesta. Ruoan jälkeen siivoamme nopeasti yhdessä ja siirrymme sitten olohuoneeseen, jossa vietämme jonkin aikaa sohvalla **halailemassa** ja katselemassa televisiota.

Tuntuu niin mukavalta olla lähellä toisiaan pitkän **työpäivän** jälkeen. Tunnen itseni tyytyväiseksi. Vaikka meillä ei ollutkaan tapahtumarikas ilta, oli mukavaa vain viettää aikaa yhdessä ilman, että tarvitsisi lähteä kotoa. Katsoimme elokuvan ja menimme aikaisin nukkumaan, ja olimme **tyytyväisiä** yksinkertaiseen illanviettoon. Tästä on tullut yksi lempipuuhistamme sellaisina iltoina, kun emme halua lähteä ulos - rentoudumme vain kotona ja nautimme toistemme seurasta kotona valmistetun aterian äärellä.

au parmesan, de pâtes et de salade. Nous faisons tinter les verres et prenons notre première bouchée - et c'est **divin** ! Le poulet est croustillant à l'extérieur mais juteux à l'intérieur ; la sauce est savoureuse et parfaite ; les pâtes sont cuites al dente... tout a un goût absolument parfait ce soir. Nous savons tous les deux que c'était l'une de ces nuits où tout s'est parfaitement réuni alors que nous **savourons** chaque bouchée de notre délicieux repas. Le goût était encore meilleur que l'odeur, qui était sacrément bonne ! Nous terminons notre repas assez rapidement car aucun de nous n'a particulièrement faim aujourd'hui, mais nous prenons notre temps en dégustant quelques **verres** de vin supplémentaires tout en discutant légèrement de tel ou tel sujet. Après le dîner, nous nettoyons rapidement ensemble et passons au salon, où nous passons un moment à **nous câliner** sur le canapé en regardant la télévision.

C'est tellement agréable d'être près l'un de l'autre après une longue journée de **travail** séparé. Je me sens satisfaite. Même si la soirée n'a pas été très animée, c'était agréable de passer du temps ensemble sans avoir à quitter la maison. Nous avons regardé un film et nous nous sommes couchés tôt, **satisfaits** de notre simple soirée. C'est devenu l'une de nos activités **préférées** les soirs où nous n'avons pas envie de sortir - se détendre à la maison et profiter de la compagnie de l'autre autour d'un repas fait maison.

Ymmärtämisen kysymykset

1. Mistä kertoja on kotoisin?

2. Mitä kertoja tekee töiden jälkeen?

3. Mitä kertoja syö päivälliseksi?

4. Miksi kertoja pitää keittiöstä?

5. Millaista ruokaa pariskunta valmistaa?

6. Miltä kertojasta tuntuu illan päätteeksi?

7. Mitä pariskunta tekee mieluiten?

8. Mitä pariskunta tekee, kun he väsyvät?

9. Missä he nukkuvat?

10. Miksi kertoja haluaa olla kotona?

Questions de compréhension

1. D'où vient le narrateur ?

2. Que fait le narrateur après le travail ?

3. Que mange le narrateur pour le dîner ?

4. Pourquoi le narrateur aime-t-il la cuisine ?

5. Quel genre de plat le couple cuisine-t-il ?

6. Que ressent le narrateur à la fin de la soirée ?

7. Quelle est l'activité préférée du couple ?

8. Que fait le couple quand il est fatigué ?

9. Où dorment-ils ?

10. Pourquoi le narrateur aime-t-il rester à la maison ?

Kävellen kotiin

Oli **rauhallinen** ilta, kun kävelin töistä kotiin. Käveliessäni en voinut olla hymyilemättä muistoille. Tuntui hyvältä olla taas vanhalla asuinalueellani. Vilkutin muutamalle tutulle ihmiselle, ja he vilkuttivat takaisin. Oli hyvä olla kotona. Kävelin vanhan kouluni ohi ja **muistelin** kaikkia niitä hyviä hetkiä, joita minulla oli ystävieni kanssa. Kävelimme aina yhdessä kotiin ja puhuimme päivästä. **Joskus** pysähdyimme hakemaan jäätelöä tai menimme puistoon. Ne olivat parhaita aikoja. Kaipaan niitä aikoja. Mutta nyt minulla on oma perhe ja olen tyytyväinen elämääni. Olen iloinen, että voin muistella noita muistoja ja hymyillä. Ne ovat osa elämääni, jota tulen aina vaalimaan. Ne olivat parhaita aikoja. Kaipaan niitä aikoja. Mutta nyt minulla on oma perhe ja olen tyytyväinen elämääni. Olen iloinen, että voin muistella noita **muistoja** ja hymyillä. Ne ovat osa elämääni, jota tulen aina vaalimaan.

Jatkan kävelyä ja ajattelen hyviä aikoja, joita minulla oli ystävieni kanssa. Tiedän, että näen heidät pian uudelleen. Suuntaan kohti kotiani ja päätän kävellä läheisen puiston läpi. Aurinko on laskemassa ja taivas muuttuu **kauniin** oranssin väriseksi. Puisto on tyhjä, lukuun ottamatta muutamaa lintua, jotka visertävät puissa. **Vedän** syvään **henkeä** ja hymyilen. Kun

Walking Home

C'était une nuit **paisible** alors que je rentrais du travail. En marchant, je ne pouvais m'empêcher de sourire aux souvenirs. C'était bon d'être de retour dans mon ancien quartier. J'ai salué quelques personnes que je connaissais, et elles m'ont salué en retour. C'était bon d'être chez soi. Je suis passé devant mon ancienne école et je **me suis souvenu de** tous les bons moments que j'ai passés avec mes amis. On rentrait toujours ensemble à la maison et on parlait de notre journée. **Parfois,** on s'arrêtait pour acheter une glace ou aller au parc. C'était les meilleurs moments. Ces moments me manquent. Mais maintenant, j'ai ma propre famille et je suis heureuse de ma vie. Je suis heureux de pouvoir repenser à ces souvenirs et de sourire. Ils font partie de ma vie et je les chérirai toujours. C'était les meilleurs moments. Ils me manquent. Mais maintenant, j'ai ma propre famille et je suis heureux de ma vie. Je suis heureux de pouvoir repenser à ces **souvenirs** et de sourire. Ils font partie de ma vie et je les chérirai toujours.

Je continue à marcher, en pensant aux bons moments que j'ai passés avec mes amis. Je sais que je les reverrai bientôt. Je me dirige vers ma maison et décide de me promener dans un parc à proximité. Le soleil se

kävelen puiston läpi, näen tähdenlentotähden leijailevan taivaalla. Toivon tähdelle jotain ja jatkan kävelyä. Ajattelen työpäivääni ja sitä, miten **rauhallista** se oli. Hymyilen itsekseni ja mietin, kuinka onnekas olen, kun minulla on näin hyvä työ. Kävelen kotiin **tuntien** viileän yöilman ihollani. Tunnen itseni niin eloisaksi ja onnelliseksi, kun nautin vain siitä, että kävelen kotiin rauhallisena iltana.

Olo oli niin hyvä, että aloin **viheltää**. Kävelin muutaman ihmisen ohi kadulla, mutta he olivat kaikki keskittyneet omiin asioihinsa.

Käännyin kadunkulmasta kadulle ja näin naapurin kissan, herra Whiskersin, istuvan kuistillani. Tervehdin sitä, ja se miautti takaisin. **Avasin** oveni ja menin sisään. Olin niin onnellinen ollessani kotona. Riisuin kenkäni ja valmistauduin nukkumaan. Menin sinä yönä nukkumaan onnellisena ja kiitollisena, sydämeni täynnä rakkautta. Nukuin sikeästi läpi yön, en murehtinut mitään. Heräsin levollisesta unesta ja minua **tervehti** aurinko, joka paistoi sisään ikkunastani. Nousin sängystä ja venyttelin, hengitin syvään ja tunsin viileän ilman täyttävän keuhkoni.

couche et le ciel prend une **belle** couleur orange. Le parc est vide, à l'exception de quelques oiseaux qui gazouillent dans les arbres. Je prends une profonde **inspiration** et je souris. Alors que je marche dans le parc, je vois une étoile filante traverser le ciel. J'ai fait un vœu sur cette étoile et j'ai continué à marcher. Je pense à ma journée de travail et au **calme qui** y régnait. Je souris à moi-même, en pensant à la chance que j'ai d'avoir un si bon travail. Je rentre chez moi, en **sentant l'**air frais de la nuit sur ma peau. Je me sens si vivante et heureuse, profitant du simple fait de rentrer chez moi par une nuit paisible. Je me sentais si bien que j'ai commencé à **siffler**. Je suis passé devant quelques personnes dans la rue, mais elles s'occupaient toutes de leurs affaires.

J'ai tourné le coin de ma rue et j'ai vu le chat de mon voisin, M. Whiskers, assis sur mon porche. Je lui ai dit bonjour et il miaulait en retour. J'ai **déverrouillé** ma porte et je suis entrée. J'étais si heureuse d'être chez moi. J'ai enlevé mes chaussures et me suis préparée pour aller me coucher. Je me suis couchée ce soir-là, heureuse et reconnaissante, le cœur plein d'amour. J'ai dormi profondément toute la nuit, sans me soucier de rien. Je me suis réveillée d'un sommeil réparateur et j'ai été **accueillie** par le soleil qui brillait à travers ma fenêtre. Je suis sorti du lit et me suis étiré, prenant une profonde inspiration et sentant l'air frais remplir mes poumons.

Ymmärtämisen kysymykset

1. Mitä päähenkilö teki, kun tarina alkoi?

2. Mitä päähenkilö ajatteli kävellessään kotiin?

3. Mitä päähenkilöllä oli tapana tehdä ystävien kanssa koulun jälkeen?

4. Mitä päähenkilö kaipaa noista ajoista?

5. Mitä päähenkilö ajattelee nykyisestä elämästään?

6. Mitä päähenkilö tekee, kun hän näkee tähdenlennon?

7. Miltä päähenkilöstä tuntuu, kun hän kävelee kotiin?

8. Mitä päähenkilö tekee, kun hän pääsee kotiin?

9. Miltä päähenkilöstä tuntuu, kun hän herää seuraavana aamuna?

10. Mitä päähenkilö tekee seuraavana päivänä?

Questions de compréhension

1. Que faisait le protagoniste au début de l'histoire ?

2. À quoi le protagoniste a-t-il pensé en rentrant chez lui ?

3. Qu'est-ce que le protagoniste avait l'habitude de faire avec ses amis après l'école ?

4. Qu'est-ce que le protagoniste regrette de cette époque ?

5. Que pense le protagoniste de sa vie actuelle ?

6. Que fait le protagoniste lorsqu'il voit une étoile filante ?

7. Que ressent le protagoniste lorsqu'il rentre à pied chez lui ?

8. Que fait le protagoniste lorsqu'il rentre chez lui ?

9. Que ressent le protagoniste lorsqu'il se réveille le lendemain matin ?

10. Que fait le protagoniste le lendemain ?

Linna

Perhe oli aina halunnut vierailla vanhassa linnassa **Saksassa,** ja lopulta he tekivät matkan. He eivät olleet **pettyneitä.** Linna oli kaunis, ja he nauttivat sen moniin huoneisiin ja käytäviin tutustumisesta. Ensimmäinen asia, joka heihin iski, oli haju. He löysivät **hometta,** kosteutta ja jotain muuta, mitä he eivät osanneet määritellä. Toinen asia oli ääni. Kiviseinät ovat paksut, mutta ne eivät vaimenta ääntä kokonaan. He kuulivat jokaisen askeleen, jokaisen normaalilla äänellä puhutun sanan ja satunnaisen veden tippumisen **jostain** kaukaa. Kun heidän silmänsä sopeutuivat hämärään valoon, he näkivät ympärillään massiiviset kiviseinät, joista roikkui seinävaatteita riekaleina. He seisoivat valtavassa salissa, jonka korkeaa kattoa tukivat veistetyt pilarit. He ihastuivat myös tornista avautuviin näkymiin, ja lapsilla oli hauskaa juosta ympäriinsä. **Aurinko** oli alkanut laskea, kun he olivat lopettaneet linnan tutkimisen, ja he katuivat, etteivät olleet ottaneet **taskulamppua** mukaan. He päättivät palata takaisin sisäänkäynnille, mutta eksyivät pian. He harhailivat ympäriinsä tuntui tuntikausilta, kunnes lopulta he törmäsivät oveen, joka johti ulos. He jatkoivat matkaa, kunnes he **saapuivat** käytävän päähän ja tulivat mahtavien pariovien eteen. He yrittivät kuinka paljon tahansa, mutta ovet eivät liikkuneet. Ne kolisivat **pahaenteisesti,** mutta eivät

Le château

La famille avait toujours voulu visiter un vieux château en **Allemagne**, et elle a finalement fait le voyage. Ils n'ont pas été **déçus**. Le château était magnifique, et ils ont pris plaisir à explorer ses nombreuses pièces et couloirs. La première chose qui les frappe est l'odeur. Ils ont trouvé de la **moisissure**, de l'humidité et quelque chose d'autre qu'ils n'ont pas réussi à identifier. La deuxième chose a été le son. Les murs de pierre sont épais, mais ils n'étouffent pas complètement le son. Ils ont entendu chaque pas, chaque mot prononcé d'une voix normale, et le goutte-à-goutte occasionnel de l'eau **quelque part** au loin. Lorsque leurs yeux se sont adaptés à la faible lumière, ils ont vu des murs de pierre massifs se dresser tout autour d'eux, des tapisseries en **lambeaux y étant** suspendues. Ils se tenaient dans un immense hall avec un haut plafond soutenu par des piliers sculptés. Ils ont également aimé les vues depuis les tourelles, et les enfants ont eu beaucoup de plaisir à courir dans le parc. Le **soleil** avait commencé à se coucher lorsqu'ils ont fini d'explorer le château, et ils ont regretté de ne pas avoir apporté de **lampe de poche**. Ils ont décidé de retourner à l'entrée, mais ils se sont vite perdus. Ils errent pendant des heures, jusqu'à ce qu'ils trouvent enfin une porte qui mène à l'extérieur. Ils ont continué jusqu'à ce qu'ils **atteignent le** bout du

liikkuneet senttiäkään. Näytti siltä, että se, joka oli ollut
täällä aiemmin, oli varmasti mennyt tästä läpi ja lukinnut
ne sisältä. Lopulta he löytävät tien ulos. Helpotus valtaa
heidät, kun he astuvat ulos viileään yöilmaan.

Aurinko oli alkanut laskea, ja he **katuivat**, etteivät
olleet ottaneet taskulamppua mukaansa. He päättivät
palata takaisin sisäänkäynnille, mutta eksyivät pian.
He harhailivat ympäriinsä tuntui tuntikausilta, kunnes
lopulta he törmäsivät oveen, joka johti **ulos**. Helpotus
valtasi heidät, kun he astuivat ulos viileään yöilmaan.
Seuraavana iltana he ottivat taskulampun mukaansa,
kun he tutkivat loput linnasta. He kävelivät **sisäpihan**
läpi ja alas **linnan** muurien takana virtaavalle joelle.
Kun he kävelivät ympäriinsä, he alkoivat kuulla outoja
ääniä. Se kuulosti siltä, että joku seurasi heitä. He
kiihdyttivät vauhtiaan, mutta äänet tulivat kovemmiksi ja
lähemmäksi. Perhe juoksi takaisin linnaan niin nopeasti
kuin pystyi, ja he olivat helpottuneita nähdessään, ettei
tummaan viittaan pukeutunut hahmo ollut seurannut
heitä.

couloir et arrivent à une imposante série de doubles portes. Ils ont beau essayer, les portes ne bougent pas. Elles cliquettent **sinistrement** mais ne bougent pas d'un pouce. On dirait que celui qui était ici avant a dû passer par là et les verrouiller de l'intérieur. Finalement, ils ont trouvé un moyen de sortir. Le soulagement les envahit alors qu'ils sortent dans l'air frais de la nuit.

Le soleil avait commencé à se coucher, et ils **regrettaient de ne pas avoir** apporté de lampe de poche. Ils ont décidé de retourner à l'entrée, mais ils se sont vite perdus. Ils ont erré pendant ce qui leur a semblé être des heures, jusqu'à ce qu'ils trouvent enfin une porte qui menait à **l'extérieur**. Le soulagement les a envahis alors qu'ils sortaient dans l'air frais de la nuit. Le lendemain soir, ils ont pris soin d'emporter une lampe de poche pour explorer le reste du château. Ils ont traversé la **cour** et sont descendus jusqu'à la rivière qui coulait derrière les murs du **château**. Alors qu'ils se promenaient, ils ont commencé à entendre des bruits étranges. On aurait dit que quelqu'un les suivait. Ils accélèrent le pas, mais les bruits deviennent plus forts et plus proches. Les membres de la famille courent vers le château aussi vite qu'ils le peuvent, et ils sont soulagés de voir que la silhouette au manteau **sombre** ne les a pas suivis.

Ymmärtämisen kysymykset

1. Mitä perhe teki, kun he eksyivät linnaan?

2. Miltä perheestä tuntui, kun he saivat tietää, että kyseessä oli vain paikallinen mies?

3. Mitä mies teki, minkä vuoksi hänet pidätettiin?

4. Mikä oli miehen tuomio?

5. Mitä ääntä perhe kuuli kävellessään?

6. Missä tummaan viittaan pukeutunut hahmo oli, kun perhe näki hänet?

7. Mitä perhe teki palattuaan huoneeseensa?

8. Milloin perhe lähti taas tutkimaan linnaa?

9. Mikä oli se asia, jota perhe ei osannut selittää?

10. Mitä perhe teki ennen kuin he lähtivät taas tutkimaan linnaa?

Questions de compréhension

1. Qu'a fait la famille lorsqu'elle s'est perdue dans le château ?

2. Comment la famille s'est-elle sentie quand elle a découvert que c'était juste un homme du coin ?

3. Qu'a fait l'homme qui a été arrêté ?

4. Quelle a été la sentence pour cet homme ?

5. Quel bruit la famille a-t-elle entendu pendant qu'elle marchait ?

6. Où était le personnage au manteau sombre quand la famille l'a vu ?

7. Qu'a fait la famille en rentrant dans sa chambre ?

8. Quand la famille est-elle repartie explorer le château ?

9. Quelle était la chose sur laquelle la famille n'arrivait pas à mettre le doigt ?

10. Qu'a fait la famille avant de retourner explorer le château ?

Minun puutarhani

Puutarhani on onnellinen paikkani. Menen sinne joka päivä, satoi tai paistoi, ja vietän aikaa kasvieni hoidossa. Minulla on vähän **kaikkea - vihanneksia**, hedelmiä, kukkia, yrttejä. Minulla on jopa muutama kana, jotka auttavat pitämään tuholaiset loitolla. Aloitan päiväni puutarhassa keräämällä kanojen munat. Sitten tarkastan vihannekset ja varmistan, että ne saavat riittävästi vettä ja aurinkoa. Kitken sängyt ja poimin pois kaikki ötökät, jotka saattavat **hyökätä** kasvien **kimppuun.** Kun **kaikki on hoidettu**, istun alas ja nautin luonnon rauhasta ja hiljaisuudesta.

Olen aina rakastanut viettää aikaa puutarhassani. Luonnon ja sen tarjoaman **kauneuden** ympäröimänä oleminen on jotain erityistä. Minusta se on hyvin rauhallinen ja rauhoittava paikka. Vietän usein aikaa puutarhassani vain rentoutuen ja maisemista nauttien. Nautin myös työskentelystä puutarhassani ja kasvattamisesta. Minulla on melko hyvän kokoinen puutarha, ja tykkään kasvattaa siellä **erilaisia asioita.** Kasvatan kukkia, **vihanneksia** ja yrttejä. Minulla on myös muutama hedelmäpuu, jotka tuottavat herkullisia omenoita, päärynöitä ja luumuja. Viljelyn lisäksi nautin myös siitä, että voin kävellä puutarhassani ja **ihailla** kaikkia niitä erilaisia kasveja ja eläimiä, jotka asuttavat

Mon jardin

Mon jardin est mon coin de paradis. J'y vais tous les jours, qu'il pleuve ou qu'il vente, et je passe du temps à m'occuper de mes plantes. J'ai un peu de **tout :** **légumes**, fruits, fleurs, herbes. J'ai même quelques poules qui m'aident à tenir les parasites à distance. Je commence mes journées dans le jardin en ramassant les œufs des poules. Puis je vérifie que mes légumes reçoivent suffisamment d'eau et de soleil. Je désherbe les plates-bandes et j'élimine les insectes qui pourraient **attaquer** les plantes. Une fois que **tout est** fait, je m'assois et je profite de la paix et du calme de la nature.

J'ai toujours aimé passer du temps dans mon jardin. Il y a quelque chose dans le fait d'être entouré par la nature et toute la **beauté qu**'elle a à offrir. Je trouve que c'est un endroit très paisible et apaisant. Je passe souvent du temps dans mon jardin à me détendre et à profiter du paysage. J'aime aussi travailler dans mon jardin et faire pousser des choses. J'ai un jardin d'assez bonne taille et j'aime y faire pousser toutes **sortes** de choses. Je fais pousser des fleurs, des **légumes** et des herbes aromatiques. J'ai aussi quelques arbres fruitiers qui produisent de délicieuses pommes, poires et prunes. En plus de faire pousser des choses, j'aime aussi passer du temps à me promener dans mon jardin,

puutarhaa. Olen viettänyt vuosien varrella monia tunteja työskennellessäni tehdäkseni **puutarhastani** paikan, joka on paitsi kaunis myös toimiva. Rakastan katsella lintujen lentelyä ja kuunnella niiden laulua. Joskus otan jopa kirjan esiin ja luen puutarhassa kaiken luomani kauneuden ympäröimänä. **Puutarhanhoito** on intohimoni, ja se tuo minulle niin paljon iloa. Jokainen päivä puutarhassani on hyvä päivä.

Rakastan muun muassa kokkaamista, joten hyvin varusteltu yrttitarha on minulle hyvin **tärkeä**. Timjami, basilika, oregano, rosmariini, salvia ja laventeli ovat vain muutamia yrttejä, joita haluan kasvattaa puutarhassani, jotta voin käyttää niitä kokatessani aterioita itselleni tai **vieraille**. Toinen asia, joka on minulle tärkeää puutarhassani, on varmistaa, että puutarhassa on runsaasti väriä. Tämän tavoitteen saavuttamiseksi kasvatan monenlaisia kukkia, kuten **ruusuja**, liljoja, päivänkakkaroita, tulppaaneja, impatiineja, kehäkukkia jne. Sen lisäksi, että lisään väriä kukkien avulla, haluan myös lisätä mielenkiintoa käyttämällä erilaisia **kuvioita** puutarhassa. Saatan esimerkiksi istuttaa saniaisia korkeiden auringonkukkien alle tai hostoja piikikkäiden koristeheinien **rinnalle.** Riippumatta siitä, mitä muuta elämässä on meneillään, puutarhassa työskentely auttaa minua aina tuntemaan olevani enemmän yhteydessä luontoon ja rauhassa itseni kanssa.

à **admirer** toutes les plantes et tous les animaux qui y vivent. J'ai passé de nombreuses heures au fil des ans à faire de mon **jardin** un endroit non seulement beau mais aussi fonctionnel. J'aime regarder les oiseaux voltiger et les écouter chanter. Parfois, je sors même un livre et je lis dans le jardin, entourée de toute la beauté que j'ai créée. Le **jardinage** est ma passion et il m'apporte tant de joie. Chaque jour dans mon jardin est un bon jour.

L'une des choses que j'aime faire, c'est cuisiner. Il est donc très **important pour moi d'**avoir un jardin d'herbes aromatiques bien garni. Le thym, le basilic, l'origan, le romarin, la sauge et la lavande sont quelques-unes des herbes que j'aime faire pousser dans mon jardin pour pouvoir les utiliser lorsque je prépare des repas pour moi ou pour mes **invités**. Une autre chose qui est importante pour moi quand il s'agit de mon jardin, c'est de m'assurer qu'il y a beaucoup de couleurs dans tout le jardin. Pour atteindre cet objectif, je cultive une grande variété de fleurs, notamment des **roses**, des lys, des marguerites, des tulipes, des impatiens, des soucis, etc. En plus d'ajouter de la couleur avec les fleurs, j'aime aussi ajouter de l'intérêt en utilisant différentes **textures** dans le jardin. Par exemple, je peux planter des fougères sous des tournesols imposants ou des hostas à **côté de** graminées ornementales hérissées.

Ymmärtämisen kysymykset

1. Missä on kirjailijan puutarha?

2. Kuinka monta kanaa kirjailijalla on?

3. Mitä kirjailija tekee puutarhassa joka päivä?

4. Miksi kirjailija pitää puutarhasta?

5. Mitä yrttejä kirjailija istuttaa puutarhaan?

6. Miksi kirjailijalle on tärkeää, että hänen puutarhassaan on monia värejä?

7. Miten kirjailija tuo vaihtelua puutarhaansa?

8. Miltä kirjailijasta tuntuu, kun hän työskentelee puutarhassaan?

9. Mikä saa kirjailijan tuntemaan yhteenkuuluvuutta ollessaan puutarhassaan?

10. Miksi jokainen päivä kirjailijan puutarhassa on hyvä päivä?

Questions de compréhension

1. Où se trouve le jardin de l'auteur ?

2. Combien de poulets l'auteur possède-t-il ?

3. Que fait l'auteur dans le jardin tous les jours ?

4. Pourquoi l'auteur aime-t-il le jardin ?

5. Quelles herbes l'auteur plante-t-il dans le jardin ?

6. Pourquoi est-il important pour l'auteur qu'il y ait beaucoup de couleurs dans son jardin ?

7. Comment l'auteur apporte-t-il de la variété à son jardin?

8. Que ressent l'auteur lorsqu'il travaille dans son jardin?

9. Qu'est-ce qui fait que l'auteur se sent connecté quand il est dans son jardin ?

10. Pourquoi chaque jour dans le jardin de l'auteur est-il un bon jour ?

Ostoksille meno

Rakastan käydä **ostoksilla** ostoskeskuksessa. On aina niin hauskaa kävellä ympäriinsä ja katsella kaikkia eri kauppoja. Kauppakeskuksessa on jokaiselle jotakin, ja sieltä löytää aina hyviä tarjouksia vaatteista, kengistä ja asusteista. Aloitan ostosreissuni **yleensä** kävelemällä ostoskeskuksen **pääsisäänkäynnin** kautta. Sieltä suunnistan ensin suosikkiliikkeisiini. Kun olen käynyt läpi nämä liikkeet, kävelen ympäriinsä ja katson, onko muissa paikoissa meneillään alennusmyyntejä. Vietän ostoskeskuksessa yleensä pari tuntia, ennen kuin lopulta teen ostokseni. Tykkään aina käyttää aikaa ostoksilla käymiseen, **koska** haluan varmistaa, että saan **juuri** sitä, mitä haluan. Lisäksi se on vain hauskempaa niin!

Minusta on aina niin **kiehtovaa** katsella ihmisiä, kun olen ostoskeskuksessa. Ostosten tekotavasta voi todella päätellä paljon ihmisestä. Jotkut ihmiset ovat hyvin järjestelmällisiä ja käyttävät aikaa, kun taas toiset tuntuvat vain nappaavan **kaiken** mahdollisen ja suuntaavan kassalle mahdollisimman nopeasti. On myös niitä ostajia, jotka tuntuvat olevan kiinnostuneempia puhumaan kännykkäänsä tai kirjoittamaan tekstiviestejä kuin katselemaan tavaroita! Olitpa millainen shoppailija tahansa,

Faire du shopping

J'adore aller **faire du shopping** au centre commercial.
C'est toujours très amusant de se promener et de
regarder tous les différents magasins. Il y en a pour
tous les goûts au centre commercial et c'est toujours
l'endroit idéal pour faire des affaires sur les vêtements,
les chaussures et les accessoires. Je commence
généralement mon shopping en passant par l'**entrée**
principale du centre commercial. De là, je me dirige
d'abord vers mes magasins préférés. Après avoir
fait le tour de ces magasins, je me promène pour
voir s'il y a des soldes dans d'autres endroits. Je
finis généralement par passer quelques heures dans
le centre commercial avant de faire mes achats.
J'aime toujours prendre mon temps lorsque je fais du
shopping, **car** je veux être sûre d'obtenir **exactement**
ce que je veux. En plus, c'est plus amusant comme ça !

Je trouve toujours **fascinant** d'observer les gens
quand je suis au centre commercial. On peut vraiment
en apprendre beaucoup sur une personne par sa
façon de faire ses courses. Certaines personnes sont
très méthodiques et prennent leur temps, tandis que
d'autres semblent prendre **tout ce qu'**elles peuvent
et se diriger vers la caisse aussi vite que possible. Il
y a aussi les acheteurs qui semblent plus intéressés

kaikki tuntuvat nauttivan näyteikkunaostoksista -
vaikka et itse asiassa ostaisikaan mitään. Kauniiden
tavaroiden katseleminen **näyteikkunoista** tekee minut
onnelliseksi. Joskus haaveilen siitä, millaista olisi,
jos minulla olisi varaa **kaikkeen** näkemääni! Kaiken
kaikkiaan päivän viettäminen ostoskeskuksessa on yksi
lempiharrastuksistani. Se on loistava tapa rentoutua
ja rentoutua, ja samalla saa myös vähän liikuntaa (jos
kävelee tarpeeksi paljon). Lisäksi on **aina välillä** kiva
hankkia itselleen uusi paita tai pari kenkiä!

Minulla oli **pitkä** työpäivä, ja minulla oli vihdoin omaa
aikaa, joten päätin mennä ostoksille ostoskeskukseen.
Tarvitsin uusia vaatteita **tulevaa** sesonkia varten. Heti
kun astuin sisään, näin kaikki kirkkaat valot ja kiiltävät
näyteikkunat. Suuntasin ensin suosikkiliikkeeseeni
ja aloin selata hyllyjä. Löysin muutaman söpön
topin ja sovitin niitä pukuhuoneessa. Kun katselin
itseäni peilistä, kuulin jonkun tulevan viereiseen
pukuhuoneeseen. Tunnistin hänen äänensä yhdeksi
työtoveristani.

à parler au téléphone portable ou à envoyer des SMS qu'à regarder la marchandise ! Quel que soit le type d'acheteur, tout le monde semble apprécier le lèche-vitrine, même si vous n'achetez rien. Il y a quelque chose qui me rend heureuse dans le fait de regarder toutes ces jolies choses dans les **vitrines des magasins**. Parfois, je m'imagine comment ce serait si je pouvais m'offrir **tout ce que** je vois ! En fin de compte, passer une journée à faire du shopping au centre commercial est l'un de mes passe-temps favoris. C'est un excellent moyen de se détendre et de se relaxer tout en faisant un peu d'exercice (si vous marchez suffisamment). Et puis, c'est **toujours** agréable de s'offrir une nouvelle chemise ou une nouvelle paire de chaussures de temps en temps !

J'ai eu une **longue** journée de travail et j'ai enfin eu du temps pour moi, alors j'ai décidé d'aller faire du shopping au centre commercial. J'avais besoin de nouveaux vêtements pour la saison **à venir**. Dès que je suis entrée, j'ai vu toutes les lumières vives et les façades brillantes des magasins. Je me suis dirigée vers mon magasin préféré en premier et j'ai commencé à parcourir les rayons. J'ai trouvé quelques jolis hauts et les ai essayés dans la cabine d'essayage. Alors que je me regardais dans le miroir, j'ai entendu quelqu'un entrer dans la cabine d'**essayage** à côté de la mienne. J'ai reconnu sa voix comme étant celle d'un de mes collègues de travail.

Ymmärtämisen kysymykset

1. Missä säilytät tavaroita mieluiten?

2. Mikä on suosikkikauppasi ostoskeskuksessa?

3. Kuinka kauan yleensä viivyt ostoskeskuksessa?

4. Mitä mieltä olet ihmisistä, jotka viettävät paljon aikaa ostoskeskuksessa?

5. Mitä teet mieluiten ostoskeskuksessa?

6. Oletko koskaan ostanut jotain ostoskeskuksesta, vaikka et oikeasti tarvinnut sitä?

7. Miten reagoit, kun näet ostoskeskuksessa jotain, josta haluaisit todella pitää, mutta se on liian kallis?

8. Oletko koskaan nähnyt jotain ostoskeskuksessa ja miettinyt, kuka sen ostaisi?

9. Mitä mieltä olet ihmisistä, jotka ostoskeskuksessa keskittyvät kännyköihinsä sen sijaan, että katselisivat kauppoja?

Questions de compréhension

1. Où aimez-vous le plus stocker ?

2. Quel est votre magasin préféré dans le centre commercial ?

3. Combien de temps restez-vous habituellement au centre commercial ?

4. Que pensez-vous des personnes qui passent beaucoup de temps au centre commercial ?

5. Quelle est votre activité préférée au centre commercial ?

6. Avez-vous déjà acheté quelque chose au centre commercial alors que vous n'en aviez pas vraiment besoin ?

7. Comment réagissez-vous lorsque vous voyez au centre commercial un article que vous aimeriez vraiment, mais qui est trop cher ?

8. Avez-vous déjà vu quelque chose au centre commercial en vous demandant qui l'achèterait ?

9. Que pensez-vous des personnes qui sont occupées avec leur téléphone portable dans les centres commerciaux au lieu de regarder les magasins ?

Markkinoilla

Herään aikaisin lauantaiaamuna, koska haluan päästä **markkinoille** ennen kuin siellä on liikaa väkeä. Heitän päälleni vaatteet ja lähden ulos ovesta, ja nappaan matkalla mukaani uudelleenkäytettävät kassini. Kävellessäni alan suunnitella, mitä haluan tehdä tulevalle viikolle. Tiedän, että haluan **paahtaa** vihanneksia ainakin kerran, joten minun on ostettava laadukkaita vihanneksia. Haluan myös tehdä keittoa tai muhennosta, joten minun on hankittava myös lihaa. Täytyy katsoa, mikä näyttää hyvältä, kun pääsen sinne. Markkinat ovat vain muutaman korttelin päässä, ja näen jo myyntikojujen pystytykset ja **ihmiset**.

Saavun torille ja menen suoraan vihannestiskille. Valikoima on kaunis, ja täytän pussini erilaisilla **tuoreilla** tuotteilla. Juttelen viljelijän kanssa vähän aikaa, ja hän suosittelee minulle muutamia reseptejä. Olen innostunut kokeilemaan niitä. Keskustelen **viljelijöiden** kanssa ostosteni aikana, tutustun heihin ja heidän tuotteisiinsa. Kun olen saanut kaikki tarvitsemani vihannekset, siirryn lihaosastolle. Tässä kohtaa olen hieman epäröivä, sillä en ole varma, mitä haluan ostaa. Päätän lopulta valita kananlihan, koska se on monikäyttöistä ja sitä voi käyttää monissa eri ruokalajeissa. Ostan myös muutamia eri lihapaloja ja varmistan, että hankin

Au marché

Je me réveille tôt le samedi matin, impatiente de me rendre au **marché** avant qu'il ne soit trop fréquenté. Je m'habille et je sors, en prenant mes sacs réutilisables en chemin. En marchant, je commence à planifier ce que je veux faire pour la semaine à venir. Je sais que je veux faire **rôtir des** légumes au moins une fois, donc je vais devoir acheter des légumes de bonne qualité. Je veux aussi faire une soupe ou un ragoût, et je vais donc devoir acheter de la viande. Je verrai bien ce qui me semble bon quand je serai sur place. Le marché n'est qu'à quelques rues d'ici, et je vois déjà les étals installés et les **gens qui** s'agitent.

J'arrive au marché et me dirige directement vers le stand des légumes. La sélection est magnifique, et je remplis mes sacs d'une variété de produits **frais**. Je discute un peu avec le fermier et il me recommande quelques recettes. J'ai hâte de les essayer. Je discute avec les **agriculteurs** pendant que je fais mes courses, pour apprendre à les connaître et à connaître leurs produits. Après avoir acheté tous les légumes dont j'ai besoin, je passe à la section des viandes. Je suis un peu plus hésitante, car je ne suis pas sûre de ce que je veux acheter. J'opte finalement pour du poulet, car il est polyvalent et peut être utilisé dans de nombreux plats. J'achète également quelques morceaux de

ruohokasvatettua naudanlihaa ja vapaana kasvatettua
kanaa. Lihakauppias oli ystävällinen mies, joka oli
aina iloinen pitkistä työtunneista huolimatta. Hän
paketoi kananrintani ja pihvini ennen kuin jutteli minulle
viikonlopun suunnitelmistaan. Hyvästelin hänet ja
jatkoin matkaani. Nappasin myös munia ja juustoa
maitotuotteiden osastolta.

Markkinat olivat täynnä ihmisiä, jotka kaikki halusivat
päästä **käsiksi tarjolla oleviin** tuoreisiin tuotteisiin
ja lihaan. Ilmassa leijui valkosipulin ja sipulin tuoksu,
ja naurun ja keskustelun äänet täyttivät ilman. Kuljin
väkijoukon läpi ja valitsin muut tarvitsemani tavarat
viikkokauppaostoksia varten. Täytin **korini** hedelmillä ja
vihanneksilla, pastalla ja leivällä, ennen kuin suuntasin
kassalle. Jono oli pitkä, mutta se eteni nopeasti. Lopulta
viimeisetkin **ruokaostokset** oli ostettu, ja oli aika
lähteä kotiin. Auto lastattiin täyteen, ja matka kotiin oli
pitkä ja vaivalloinen. Liikenne oli vilkasta ja kuumuus
ahdistava. Lopulta auto ajoi pihatielle, ja helpotus oli
käsin kosketeltavissa. Talo oli viileä ja hiljainen, ja se
oli turvapaikka torin **vilinän** jälkeen. Kaikki oli laitettu
pois, ja pian talossa vallitsi taas tavanomainen rauha
ja hiljaisuus. Minulla oli kaikki, mitä tarvitsin tehdäkseni
herkullisia aterioita itselleni ja perheelleni. Oli hyvä olla
kotona.

viande différents, en veillant à prendre du bœuf nourri à l'herbe et du **poulet** élevé en plein air. Le boucher est un homme sympathique, toujours de bonne humeur malgré ses longues heures de travail. Il a emballé mes blancs de poulet et mon steak avant de me parler de ses projets pour le week-end. Je lui ai dit au revoir et j'ai continué mon chemin. J'ai également acheté des œufs et du fromage au rayon produits laitiers.

Le marché grouille de gens, tous impatients de mettre la **main sur les** produits frais et la viande proposés. L'odeur de l'ail et des oignons flottait dans l'air, et le son des rires et des conversations était omniprésent. Je me suis frayé un chemin dans la foule, en choisissant les autres articles dont j'avais besoin pour mes courses de la semaine. J'ai rempli mon **panier** de fruits et légumes, de pâtes et de pain, avant de me diriger vers la caisse. La file d'attente est longue, mais elle avance rapidement. Enfin, j'ai acheté les dernières **provisions et il est** temps de rentrer à la maison. La voiture est chargée, et le chemin du retour est long et fastidieux. La circulation est dense et la chaleur est accablante. Enfin, la voiture se gare dans l'allée et le soulagement est palpable. La maison était fraîche et calme, et c'était un havre de paix après l'**agitation** du marché. Tout a été rangé, et la maison a rapidement retrouvé sa tranquillité habituelle. J'avais tout ce dont j'avais besoin pour préparer de **délicieux** repas pour moi et pour ma famille. C'était bon d'être chez soi.

Ymmärtämisen kysymykset

1. Minne henkilö on menossa?

2. Mitä henkilö haluaa ostaa?

3. Kuinka monta laukkua henkilöllä on?

4. Kuinka kaukana markkinat ovat?

5. Mitä henkilö tekee juuri nyt?

6. Mitä kaikkea markkinoilla on?

7. Kuinka monta ihmistä markkinoilla on?

8. Kauanko henkilöltä kesti ostaa kaikki?

9. Miten henkilö lähti kotiin?

10. Mitä henkilö teki kotiin päästyään?

Questions de compréhension

1. Où va la personne ?

2. Que veut acheter la personne ?

3. Combien de sacs la personne possède-t-elle ?

4. A quelle distance se trouve le marché ?

5. Que fait la personne en ce moment ?

6. Que se passe-t-il sur le marché ?

7. Combien y a-t-il de personnes sur le marché ?

8. Combien de temps a-t-il fallu à la personne pour tout acheter ?

9. Comment la personne est-elle rentrée chez elle ?

10. Qu'a fait la personne en rentrant chez elle ?

Kahvilassa

Oli kolea **syksyinen** aamu, ja olin sopinut tapaavani
ystäväni Lilyn lempikahvilassamme kahvilla. Kääriydyin
lämpimästi takkiin ja huiviin ja lähdin liikkeelle. Lehdet
putoilivat puista, ja ilmassa oli pientä nipistelyä,
mutta aurinko paistoi, ja päivästä oli luvassa kaunis.
Käveliessäni **ajattelin,** miten hyvä oli, että minulla
oli Lilyn kaltainen ystävä. Olimme olleet ystäviä jo
vuosia, siitä asti kun tapasimme **yliopistossa**. Meitä
yhdisti rakkaus kahviin ja kahviloissa jutteleminen.
Vaikka asuimme nyt eri puolilla kaupunkia,
tapasimme silti kerran viikossa kahvilla. Kun saavuin
kahvilaan, Lily odotti minua jo siellä. Halasimme
toisiamme tervehdykseen ja tilasimme sitten kahvit.
Löysimme pöydän ikkunan vierestä ja istahdimme
alas juttelemaan. **Kahvi** oli herkullista, kuten aina,
ja oli niin mukava vaihtaa kuulumisia Lilyn kanssa.
Puhuimme viikostamme, työstämme ja tulevaisuuden
suunnitelmistamme. Lilyn kanssa oli aina niin helppo
puhua, ja minusta tuntui, että voisin kertoa hänelle mitä
tahansa. Jonkin ajan kuluttua meillä alkoi tulla nälkä ja
päätimme tilata ruokaa.

Tilasimme ruokamme ja löysimme istumapaikan
ikkunan ääreltä. Aurinko paistoi sisään ikkunasta, mikä
sai kaiken tuntumaan lämpimältä ja iloiselta. Juttelimme

Dans un café

C'était un matin d'**automne** frisquet, et j'avais donné rendez-vous à mon amie Lily dans notre café préféré pour prendre un café. Je me suis enveloppée chaudement dans mon manteau et mon écharpe et je suis partie. Les feuilles tombaient des arbres et l'air était glacial, mais le soleil brillait et la journée promettait d'être magnifique. Tout en marchant, j'ai **pensé** à quel point c'était bien d'avoir une amie comme Lily. Nous étions amies depuis des années, depuis notre rencontre à l'**université**. Nous nous sommes liées par notre amour du café et du temps passé à discuter dans les cafés. Même si nous vivions dans des quartiers différents de la ville, nous nous retrouvions pour prendre un café une fois par semaine. Je suis arrivé au café, et Lily était déjà là, à m'attendre. Nous nous sommes embrassées et avons commandé nos cafés. Nous avons trouvé une table près de la fenêtre et nous nous sommes installées pour discuter. Le **café** était délicieux, comme toujours, et c'était si agréable de rattraper le temps perdu avec Lily. Nous avons parlé de notre semaine, de nos emplois et de nos projets pour l'avenir. C'était toujours si facile de parler à Lily, et j'avais l'impression que je pouvais tout lui dire. Après un moment, nous avons commencé à avoir faim et **avons décidé** de commander de la nourriture.

ruokaa syödessämme ja nautimme yksinkertaisesta ilosta, kun olimme toistemme **seurassa**. Kahvilassa oli vilkasta, mutta se ei tuntunut ahtaalta. Ilmassa oli rauhan ja tyytyväisyyden tunne. Kun söimme ruokamme loppuun, istuimme vielä hetken nauttien rauhallisesta **ilmapiiristä**. Juttelimme jonkin aikaa erilaisista asioista, joita elämässämme oli tapahtunut. Oli niin mukavaa vaihtaa kuulumisia ystäväni kanssa ja vain **rentoutua**. Aurinko paistoi ikkunasta, ja tuntui, ettei **mikään** voinut pilata täydellistä päiväämme.

Yhtäkkiä kuulin kovan kolahduksen. Käännyin ympäri ja näin, että mies oli pudonnut katon läpi ja makasi lattialla edessämme. Hän oli pölyn ja roskien peit**ossa** ja näytti olevan tajuton. Ystäväni ja minä olimme molemmat shokissa, kun tuijotimme lattialla makaavaa miestä. Emme tienneet, mitä tehdä tai kenelle soittaa apua. Istuimme vain tuijottamassa häntä, emmekä tienneet, mitä tehdä. Muutaman minuutin kuluttua tajusin sen ja soitin hätänumeroon. Operaattori kertoi, että joku tulisi pian paikalle. Suljin puhelimen ja kerroin ystävälleni, mitä **operaattori** oli sanonut.

Nous avons **commandé notre** nourriture et trouvé un siège près de la fenêtre. Le soleil brillait à travers la fenêtre, rendant le tout chaleureux et joyeux. Nous avons bavardé en mangeant, appréciant le simple plaisir d'être en **compagnie de l'autre**. Le café était occupé, mais il n'y avait pas de foule. Il y avait un sentiment de paix et de satisfaction dans l'air. Après avoir terminé notre repas, nous sommes restés assis un moment de plus, profitant de l'**atmosphère** paisible. Nous avons parlé pendant un moment de différentes choses qui avaient eu lieu dans nos vies. C'était si agréable de rattraper le temps perdu avec mon ami et de **se détendre**. Le soleil brillait à travers la fenêtre, et c'était comme si **rien ne** pouvait gâcher notre journée parfaite.

Soudain, j'ai entendu un grand fracas. Je me suis retourné pour voir qu'un homme avait traversé le plafond et gisait sur le sol devant nous. Il était **couvert** de poussière et de débris et semblait être inconscient. Mon ami et moi étions tous deux sous le choc en regardant l'homme allongé sur le sol. Nous ne savions pas quoi faire ni qui appeler à l'aide. Nous sommes restés assis là, à le regarder, sans savoir quoi faire. Après quelques minutes, je me suis ressaisie et j'ai appelé le 911. L'opérateur m'a dit que quelqu'un arriverait bientôt. J'ai raccroché le téléphone et j'ai raconté à mon ami ce que l'**opérateur avait** dit.

Ymmärtämisen kysymykset

1. Mistä katolta putoava mies tulee?

2. Miksi nainen on ystävänsä kanssa kahvilassa?

3. Mikä on kahden ystävän suosikkikahvila?

4. Kuinka kauan ystävät ovat tunteneet toisensa?

5. Mikä on kahden ystävän lempijuoma?

6. Missä kaupungissa nämä kaksi ystävää asuvat?

7. Kuinka usein nämä kaksi ystävää tapaavat?

8. Mistä nämä kaksi ystävää puhuvat, kun he tapaavat ensimmäisen kerran lempikahvilassaan?

9. Mikä on näiden kahden ystävän lempiruoka?

10. Miksi Lilyn kanssa on niin helppo puhua?

Questions de compréhension

1. D'où vient l'homme qui tombe à travers le toit ?

2. Pourquoi la femme est-elle avec son ami dans le café ?

3. Quel est le café préféré des deux amis ?

4. Depuis combien de temps les deux amis se connaissent-ils ?

5. Quelle est la boisson préférée des deux amis ?

6. Dans quelle ville vivent les deux amis ?

7. Combien de fois les deux amis se rencontrent-ils ?

8. De quoi parlent les deux amis lorsqu'ils se rencontrent pour la première fois dans leur café préféré ?

9. Quel est le plat préféré des deux amis ?

10. Pourquoi c'est si facile de parler à Lily ?

Uimaan meno

Uima-allas oli aina **virkistävä** paikka, eikä tänäänkään
ollut toisin. Aurinko paistoi ja vesi näytti houkuttelevalta.
Vedin syvään henkeä ja sukelsin sisään, tuntien veden
viileän syleilyn. Uin kierroksia jonkin aikaa nauttien
liikunnasta ja mahdollisuudesta puhdistaa päätäni.
Jonkin ajan kuluttua nousin ulos ja kuivasin itseni, sitten
istahdin pyyhkeelle rentoutumaan auringossa. Suljin
silmäni ja annoin **lämmön** huuhtoutua päälleni ja tunsin,
kuinka lihakseni alkoivat rentoutua. Yhtäkkiä kuulin
roiskeita ja avasin silmäni nähdäkseni pikkusiskoni
melomassa matalassa päässä. Hymyilin ja katselin
häntä hetken, nousin sitten ylös ja kävelin hänen
luokseen. Juttelimme hetken ja meloimme yhdessä
nauttien toistemme seurasta. Pian vanhempamme
liittyivät seuraamme, ja vietimme loppuiltapäivän uiden
ja leikkien yhdessä. Oli aina niin mukavaa viettää aikaa
perheen kanssa uima-altaalla. Vedessä olemisessa on
jotakin sellaista, joka vain tuntuu kokoavan ihmiset
yhteen. Ehkä se johtuu siitä, että vedessä olemme
kaikki samanarvoisia - emme voi piilotella puutteita
tai teeskennellä olevamme jotain, mitä emme ole. Tai
ehkä se johtuu vain siitä, että se on hauskaa! Oli syy
mikä tahansa, olin vain iloinen siitä, että saimme kaikki
kokoontua yhteen ja nauttia toistemme seurasta näin
erityisessä paikassa.

Aller nager

La piscine était toujours un endroit **rafraîchissant**, et aujourd'hui n'était pas différent. Le soleil brillait et l'eau semblait invitante. J'ai pris une profonde inspiration et j'ai plongé, sentant l'étreinte fraîche de l'eau. J'ai fait des longueurs pendant un moment, appréciant l'exercice et la possibilité de me vider la tête. Au bout d'un moment, je suis sorti et me suis séché, puis je me suis assis sur une serviette pour me détendre au soleil. J'ai fermé les yeux et laissé la **chaleur** m'envahir, sentant mes muscles se détendre. Soudain, j'ai entendu une éclaboussure et j'ai ouvert les yeux pour voir ma petite sœur **pagayer dans la** partie peu profonde. J'ai souri et je l'ai regardée pendant un moment, puis je me suis levée et je suis allée vers elle. Nous avons bavardé un peu et pataugé ensemble, appréciant la compagnie de l'autre. Nos parents nous ont bientôt rejoints et nous avons passé le reste de l'après-midi à nager et à jouer ensemble. C'était toujours très agréable de passer du temps avec la famille à la piscine. Il y a **quelque chose** dans le fait d'être dans l'eau qui semble rassembler les gens. Peut-être est-ce parce que nous sommes tous égaux lorsque nous sommes dans l'eau - nous ne pouvons pas cacher nos défauts ou prétendre être ce que nous ne sommes pas. Ou peut-être est-ce simplement parce que c'est amusant ! **Quelle que soit la** raison, j'étais simplement heureuse que nous

Aurinko paistoi iholleni, ja ilmassa oli kloorin haju.
Kuulin lasten naurun ja roiskumisen äänet altaassa.
Makasin altaan vieressä olevalla aurinkotuolilla,
nautin auringosta ja **nautin** päivästä. Minulla oli silmät
kiinni ja olin juuri vaipumaisillaan uneen, kun kuulin
jonkun kävelevän luokseni. Avasin silmäni ja näin
naisen seisovan vieressäni. Hänellä oli yllään bikinit
ja pyyhe kietoutuneena vyötärönsä ympärille. Hänellä
oli pitkät vaaleat hiukset ja siniset silmät. Hänellä oli
kädessään **aurinkorasvapullo.** "Haittaako, jos laitan
aurinkovoidetta selkääsi?" hän kysyi. "Ei, ei se haittaa",
sanoin ja istahdin ylös, jotta hän yltäisi selkääni. Tunsin
hänen kätensä ihollani, kun hän levitti aurinkovoidetta.

Hänen kosketuksensa oli lempeä, ja aurinkovoiteen
tuoksu rauhoitti. Suljin taas silmäni ja annoin itseni
rentoutua. Kuulin hänen liikkumisensa äänen, mutta en
avannut silmiäni. Tyydyin vain makaamaan auringossa
ja kuuntelemaan rantaan törmäävien aaltojen ääntä.
Muutaman minuutin kuluttua hän käveli pois, ja avasin
silmäni. Seurasin häntä, kun hän käveli takaisin
lepotuoliinsa ja otti kirjansa käteensä.

puissions tous nous réunir et profiter de la compagnie des autres dans un endroit aussi spécial.

Le soleil tapait sur ma peau et l'odeur du chlore flottait dans l'air. J'entendais le bruit des enfants qui riaient et barbotaient dans la piscine. J'étais allongée sur une chaise **longue près de la** piscine, profitant du soleil et **de la** journée. J'avais les yeux fermés et j'étais sur le point de m'endormir lorsque j'ai entendu quelqu'un s'approcher de moi. J'ai ouvert les yeux et j'ai vu une femme debout à côté de moi. Elle portait un bikini et avait une serviette enroulée autour de sa taille. Elle avait de longs cheveux blonds et des yeux bleus. Elle tenait une bouteille de **crème solaire** dans sa main. "Ça te dérange si je mets de la crème solaire sur ton dos ?" a-t-elle demandé. "Non, ça va", ai-je répondu, en me redressant pour qu'elle puisse atteindre mon dos. J'ai senti ses mains sur ma peau alors qu'elle appliquait la crème solaire.

Son toucher était doux et l'odeur de la crème solaire était apaisante. J'ai fermé les yeux à nouveau et me suis laissé aller à la détente. Je pouvais entendre le **bruit** de ses mouvements, mais je n'ai pas ouvert les yeux. Je me contentais de rester allongé au soleil, en écoutant le bruit des vagues qui **s'écrasaient** sur le rivage. Après quelques minutes, elle s'est éloignée, et j'ai ouvert les yeux. Je l'ai regardée retourner vers sa chaise longue et prendre son livre.

Ymmärtämisen kysymykset

1. Missä kertoja oli kertomuksen alkaessa?

2. Mitä kertoja haistaa avatessaan silmänsä?

3. Mitä kertoja kuulee avatessaan silmänsä?

4. Kenen aurinkovoidetta nainen antaa kertojalle?

5. Mistä kertoja näkee unta?

6. Miksi meressä uiminen on kertojalle niin erityistä?

7.Miltä tuntuu vesi, jossa kertoja ui?

8. Mitä kertoja näkee, kun hän nousee vedestä?

9. Mitä nainen tekee sen jälkeen, kun hän on laittanut aurinkovoidetta kertojalle?

10. Mistä kertoja ja nainen puhuvat tarinan lopussa?

Questions de compréhension

1. Où se trouvait le narrateur lorsqu'il a commencé l'histoire ?

2. Que sent le narrateur lorsqu'il ouvre les yeux ?

3. Qu'entend le narrateur lorsqu'il ouvre les yeux ?

4. A qui la femme donne-t-elle de la crème solaire au narrateur ?

5. De quoi le narrateur rêve-t-il ?

6. Pourquoi la baignade dans la mer est-elle si spéciale pour le narrateur ?

7. quelle est la sensation de l'eau dans laquelle nage le narrateur ?

8. Que voit le narrateur quand il sort de l'eau ?

9. Que fait la femme après avoir mis la crème solaire sur le narrateur ?

10. De quoi le narrateur et la femme parlent-ils à la fin de l'histoire ?

Nurmikon leikkuu

Kello on kymmenen aamulla **kesälauantaina,** ja aurinko paahtaa jo armottomasti. Kävelet autotalliin hakemaan ruohonleikkuria ja tunnet olevasi **tuomittu** pakkotyöhön. Aloitat nurmikonleikkuun ja pidät huolen siitä, että leikkaat hitaasti, ettet missaa yhtään kohtaa. Leikatessasi mietit, miten hyvältä tuntuu olla ulkona raikkaassa ilmassa. Kun alat työntää ruohonleikkuria edestakaisin nurmikolla, näet **silmäkulmastasi** naapurin. Vilkutat ja tervehdit, ja hän vilkuttaa takaisin.

Muutaman minuutin kuluttua olet valmis, ja menet naapurin talolle juomaan olutta hänen kanssaan etupihalla. On **täydellinen** päivä - ei liian kuuma, ja kevyt tuuli puhaltaa. Istut puun varjossa, siemailet olutta ja juttelet naapurisi kanssa. Tällaiset päivät saavat arvostamaan kesäaikaa. Sitten **suuntaat** sisälle ansaitulle oluelle. Lysähdät tuolille kuistille, avaat tölkin ja huokaat tyytyväisenä. Ruohonleikkurin ääni häipyy taustalle, kun rentoudut varjossa ja nautit hetken **rauhasta.** Olut maistuu erityisen hyvältä kaiken sen kovan työn jälkeen kuumuudessa. Olin juuri lähdössä sisälle, kun kuulin melua naapurista.

Se kuulosti siltä kuin joku olisi itkenyt. Lopetin leikkuun ja kävelin pihojamme erottavan aidan luo. Kurkistin yli ja näin naapurini, rouva Johnsonin, itkevän

Tonte de la pelouse

Il est 10 heures du matin, un **samedi d'**été, et le soleil
tape déjà sans pitié. Vous vous frayez un chemin
jusqu'au garage pour aller chercher la tondeuse
à gazon, avec l'impression d'être **condamné** aux
travaux forcés. Vous commencez à tondre la pelouse,
en veillant à aller doucement pour ne pas manquer
d'endroits. Pendant que vous tondez, vous pensez à
tout le bien que cela fait d'être dehors à l'air frais. Alors
que vous commencez à pousser la tondeuse d'avant en
arrière sur la pelouse, vous apercevez votre voisin du
coin de l'**œil**. Vous lui faites signe et lui dites bonjour, et
il vous répond.

Après quelques minutes, vous avez terminé, et vous
vous rendez chez votre voisin pour prendre une bière
avec lui dans le jardin de devant. C'est une journée
parfaite, il ne fait pas trop chaud et une légère brise
souffle. Vous êtes assis à l'ombre de l'arbre, sirotant
votre bière et discutant avec votre voisin. Ce sont des
jours comme celui-ci qui vous font apprécier l'été. Puis
vous rentrez à l'intérieur pour prendre une bière bien
méritée. Vous vous installez sur une chaise sous le
porche et ouvrez la canette, en poussant un soupir de
satisfaction. Le bruit de la tondeuse s'estompe et vous
vous détendez à l'ombre, profitant de la **tranquillité**

kuistikeinussaan. Huusin häntä, mutta hän ei kuullut minua. Kiipesin aidan yli ja kävelin hänen luokseen. "Rouva Johnson, oletteko kunnossa?" Kysyin. Hän katsoi minua kyyneleet silmissään ja pudisti päätään. "Ei, en ole kunnossa", hän sanoi. "Kissani kuoli eilen." Olin järkyttynyt. En tiennyt, mitä sanoa. Seisoin vain kömpelösti, enkä tiennyt, mitä tehdä. Lopulta laitoin käteni hänen **olkapäälleen** ja sanoin: "Olen niin pahoillani, rouva Johnson. Jos voin jotenkin auttaa, kertokaa minulle. " Hän pudisti päätään ja sanoi: "Ei, kukaan ei voi tehdä **mitään.**" Sitten hän nousi ylös ja meni sisälle taloonsa. Seisoin siinä hetken tietämättä, mitä tehdä. Sitten palasin leikkaamaan nurmikkoa. Kun olin lopettanut, en voinut olla ajattelematta rouva Johnsonia ja hänen kissaansa.

du moment. La bière a un goût extra bon après tout ce dur travail dans la chaleur. J'étais sur le point de rentrer quand j'ai entendu un bruit à côté.

On aurait dit que quelqu'un pleurait. J'ai arrêté de tondre et j'ai marché jusqu'à la clôture qui séparait nos jardins. J'ai jeté un coup d'œil par-dessus et j'ai vu ma voisine, Mme Johnson, pleurer sur sa balançoire sous le porche. Je l'ai appelée, mais elle ne m'a pas entendue. J'ai escaladé la clôture et j'ai marché jusqu'à elle. "Mme Johnson, vous allez bien ?" J'ai demandé. Elle a levé les yeux vers moi, les larmes aux yeux, et a secoué la tête. "Non, je ne vais pas bien", a-t-elle dit. "Mon chat est mort hier." J'étais choquée. Je n'ai pas su quoi dire. Je suis restée là, maladroitement, sans savoir quoi faire. Finalement, j'ai posé ma main sur son **épaule** et j'ai dit : "Je suis vraiment désolée, Mme Johnson. Si je peux faire quelque chose pour vous aider, faites-le moi savoir". "Elle a secoué la tête et a dit : "Non, il **n'y a rien que** personne ne puisse faire". Puis elle s'est levée et est entrée dans sa maison. Je suis resté là un moment, ne sachant pas quoi faire. Puis je suis retourné tondre ma pelouse. En terminant, je n'ai pu m'empêcher de penser à Mme Johnson et à son chat.

Ymmärtämisen kysymykset

1. Mitä kello on?

2. Missä henkilö leikkaa?

3. Miltä henkilöstä tuntuu?

4. Miksi henkilön on leikattava hitaasti?

5. Millainen sää on?

6. Mitä henkilö tekee niiton jälkeen?

7. Mitä henkilö kuulee ennen kotiinlähtöä?

8. Kuka on rouva Johnsonin kanssa?

9. Miksi rouva Johnson itkee?

10. Mitä henkilö sanoo rouva Johnsonille?

Questions de compréhension

1. Quelle heure est-il ?

2. Où se trouve la personne qui tond ?

3. Comment la personne se sent-elle ?

4. Pourquoi la personne doit-elle tondre lentement ?

5. Quel est le temps qu'il fait ?

6. Que fait la personne après avoir fauché ?

7. Qu'entend la personne avant de rentrer chez elle ?

8. Qui est avec Mme Johnson ?

9. Pourquoi Mme Johnson pleure-t-elle ?

10. Que dit la personne à Mme Johnson ?

Hiustenleikkaus

Olin aikonut käydä kampaajalla jo viikkoja, mutta jotenkin aina onnistunut lykkäämään sitä. Mutta **joulun** ollessa aivan nurkan takana tiesin, etten voisi enää lykätä sitä. En halunnut ilmestyä perheeni jouluillalliselle rähjäisen näköisenä. Niinpä aikaisin jouluaamuna lähdin kampaamoon. Vaikka oli aikaista, kampaamo oli jo täynnä muita ihmisiä, jotka **olivat menossa** kampaajalle joulun kunniaksi. Otin paikkani jonossa ja odotin vuoroani. Lopulta oli minun vuoroni tuolissa. Stylisti, ystävällinen nainen nimeltä Jill, kysyi minulta, mitä haluan. "Vain trimmauksen, ei mitään liian rajua", vastasin. Jill ryhtyi töihin ja leikkasi hiuksiani. Työskennellessäni aloin rentoutua. Tuntui hyvältä, että vihdoin pidin huolta itsestäni. Olin viime aikoina ollut niin kiireinen, juossut ympäriinsä huolehtimassa kaikista muista, että olin antanut omien tarpeideni jäädä taka-alalle. Mutta ei **enää**. Tästä lähtien aioin varata aikaa itselleni.

Kun Jill oli valmis, katsoin peiliin ja olin tyytyväinen näkemääni. Hiukseni näyttivät siistiltä ja kiillotetuilta - täydelliset juhlapäiviä varten. **Kiitin** Jilliä ja **muistin** tulla useammin. Tästä lähtien pidän huolta ennen kaikkea itsestäni. Hän ryhtyi hiuksiani leikkaamaan. Ajattelin,

Se faire couper les cheveux

Cela faisait des semaines que je voulais me faire couper les cheveux, mais j'arrivais toujours à remettre ça à plus tard. Mais à l'approche de **Noël, je** savais que je ne pouvais plus attendre. Je ne voulais pas me présenter au dîner de Noël de ma famille avec une coiffure débraillée. Alors, tôt le matin de Noël, je me suis rendue au salon. Même s'il était tôt, le salon était déjà occupé par d'autres personnes qui **se faisaient** coiffer pour les fêtes. J'ai pris ma place dans la file d'attente et j'ai attendu mon tour. Enfin, c'était mon tour sur la chaise. La styliste, une femme sympathique nommée Jill, m'a demandé ce que je voulais. "Juste une coupe, rien de trop radical", ai-je répondu. Jill s'est mise au travail, coupant mes cheveux. Pendant qu'elle travaillait, j'ai commencé à me détendre. C'était bon de prendre enfin soin de moi. J'avais été tellement occupé ces derniers temps, à courir partout pour m'occuper de tout le monde, que j'avais laissé mes propres besoins de côté. Mais plus **maintenant**. A partir de maintenant, j'allais prendre du temps pour moi.

Lorsque Jill a terminé, je me suis regardée dans le miroir et j'étais ravie de ce que je voyais. Mes cheveux étaient soignés et polis, parfaits pour les fêtes de fin d'année. J'ai **remercié** Jill et j'ai noté **mentalement** de

kuinka kiitollinen olin siitä, että olin vihdoin päässyt leikkauttamaan hiukseni. Tuntui hyvältä tietää, että näyttäisin edustuskelpoiselta **jouluillallisella**. Enää minun ei tarvitsisi huolehtia siitä, että perheeni kiusaisi minua "rähjäisestä" ulkonäöstäni. Muutaman minuutin kuluttua kampaaja oli saanut hiukseni leikattua ja föönasi ne nopeasti. Katsoin peiliin ja olin tyytyväinen näkemääni - siististi leikattu ulkonäkö, joka sopisi täydellisesti jouluillalliselle. Nyt kun hiustenleikkaus oli ohi, voisin keskittyä nauttimaan joulusta perheeni kanssa. Ja olin siitä entistäkin kiitollisempi.

Se tuntui niin **vapauttavalta**, ja rakastin sitä, miltä uusi hiustenleikkaukseni näytti. Kun olin maksanut kampaukseni, menin kotiin ja aloin pakata matkalle. **En malttanut** odottaa, että pääsin esittelemään uutta ulkonäköäni perheelleni ja ystävilleni. Tiesin, että he olisivat yllättyneitä nähdessään minut. Lentopäivänä saavuin lentokentälle hyvissä ajoin. Kuljin turvatarkastuksen läpi ongelmitta, ja pian olin jo matkalla. Heti kun saavuin määränpäähäni, tunsin jännityksen ilmassa. Joulu oli todellakin ilmassa! Perheeni oli tervehtimässä minua lentokentällä, ja he kaikki olivat ihmeissään uudesta kampauksestani.

revenir plus souvent. À partir de maintenant, je prendrai soin de moi d'abord et avant tout. Elle s'est mise au travail en coupant mes cheveux. J'ai pensé à combien j'étais reconnaissante d'avoir enfin pris le temps de me faire couper les cheveux. Je me sentais bien de savoir que j'allais être présentable pour le **repas de** Noël. Je n'aurais plus à m'inquiéter des taquineries de ma famille sur mon apparence "débraillée". Après quelques minutes, le coiffeur a fini de me couper les cheveux et m'a fait un rapide brushing. Je me suis regardé dans le miroir et j'étais heureux de ce que je voyais - un look propre qui serait parfait pour le dîner de Noël. Maintenant que ma coupe de cheveux était terminée, je pouvais me concentrer sur les vacances avec ma famille. Et j'en étais encore plus reconnaissante.

Je me suis sentie tellement **libérée** et j'ai adoré le look de ma nouvelle coupe de cheveux. Après avoir payé ma coupe, je suis rentrée chez moi et j'ai commencé à faire mes bagages pour mon voyage. J'**avais hâte** de montrer mon nouveau look à ma famille et à mes amis. Je savais qu'ils seraient surpris en me voyant. Le jour de mon vol, je suis arrivée à l'aéroport avec beaucoup de temps devant moi. J'ai passé le contrôle de sécurité sans problème et j'ai rapidement pris la route. Dès que je suis arrivé à destination, j'ai senti l'excitation dans l'air. Il y avait vraiment de l'air pour Noël ! Ma famille était là pour m'accueillir à l'aéroport, et ils étaient tous étonnés de ma nouvelle coupe de cheveux.

Ymmärtämisen kysymykset

1. Mitä päähenkilön piti tehdä ennen joulua?

2. Miten päähenkilö suhtautui itsestään huolehtimiseen?

3. Kuka leikkasi päähenkilön hiukset?

4. Miksi päähenkilön perhe kiusasi häntä?

5. Miltä päähenkilöstä tuntui kampauksen jälkeen?

6. Mitä päähenkilö teki kampauksen jälkeen?

7. Miten päähenkilön perhe reagoi hänen hiustenleikkaukseensa?

8. Mitä päähenkilö teki jouluaattona?

9. Mikä teki päähenkilön kokemuksesta erityisen?

10. Mitä tapahtuisi, jos päähenkilö ei leikkauttaisi hiuksiaan?

Questions de compréhension

1. Que devait faire le protagoniste avant Noël ?

2. Que pense la protagoniste du fait de prendre soin d'elle ?

3. Qui a taillé les cheveux du protagoniste ?

4. Pourquoi la famille de la protagoniste allait-elle se moquer d'elle ?

5. Qu'a ressenti la protagoniste après s'être fait couper les cheveux ?

6. Qu'a fait la protagoniste après s'être fait couper les cheveux ?

7. Quelle a été la réaction de la famille de la protagoniste à sa coupe de cheveux ?

8. Qu'a fait le protagoniste la veille de Noël ?

9. Qu'est-ce qui a rendu l'expérience du protagoniste plus spéciale ?

10. Que se passerait-il si le protagoniste ne se faisait pas couper les cheveux ?

Puisto

Aurinko oli laskemassa, ja puisto oli tyhjä. Istuin penkillä odottamassa **ystävääni**. Meidän oli tarkoitus tavata täällä tunti sitten, mutta hän oli aina myöhässä. Juuri kun olin luovuttamassa ja menossa kotiin, näin hänen juoksevan minua kohti.

"Olen niin pahoillani", hän huohotti päästyään penkille. "Junani oli **myöhässä.**"

"Ei se mitään", sanoin **anteeksiantavasti**. "Tulin juuri itse tänne."

Istuimme alas ja juttelimme jonkin aikaa, ja kerroimme toistemme elämästä sitten viime tapaamisemme. Keskustelu sujui **helposti**, ja tuntui kuin aikaa ei olisi kulunut lainkaan siitä, kun viimeksi näimme toisemme. Auringon laskiessa hyvästelimme ja lähdimme omille teillemme. Seuraavan kerran tapasimme eri puistossa. Hän oli taas myöhässä, mutta minua ei haitannut. Oli mukavaa, että oli joku, jonka kanssa puhua ja joka **ymmärsi** minua. Puhuimme unelmistamme ja **toiveistamme**, asioista, joita halusimme tehdä elämällämme. Hän kertoi minulle suunnitelmistaan matkustaa ympäri maailmaa, ja minä kerroin unelmastani tulla kirjailijaksi. Auringon laskiessa jälleen, hyvästelimme jälleen kerran ja lupasimme pitää yhteyttä tällä kertaa.

Le parc

Le soleil se couchait, et le parc était vide. Je me suis assise sur un banc, attendant mon **amie**. Nous avions prévu de nous retrouver ici il y a une heure, mais elle était toujours en retard. Au moment où j'allais abandonner et rentrer chez moi, je l'ai vue courir vers moi. "Je suis vraiment désolée", a-t-elle haleté en atteignant le banc. "Mon train a été **retardé**." "C'est bon", ai-je dit **avec indulgence**. "Je viens juste d'arriver." Nous nous sommes assis et avons bavardé pendant un certain temps, prenant des nouvelles de la vie de chacun depuis notre dernière rencontre. La conversation était fluide **et nous avions** l'impression que le temps n'avait pas passé depuis notre dernière rencontre. Au coucher du soleil, nous nous sommes dit au revoir et avons pris des chemins différents. La fois suivante, c'était dans un autre parc. Encore une fois, elle était en retard, mais ça ne m'a pas dérangé. C'était agréable d'avoir quelqu'un à qui parler et qui me **comprenait**. Nous avons parlé de nos rêves et de nos **aspirations**, des choses que nous voulions faire de nos vies. Elle m'a parlé de son projet de voyager dans le monde entier, et j'ai partagé mon rêve de devenir écrivain. Alors que le soleil se couchait sur un autre jour, nous nous sommes dit au revoir une fois de plus, en promettant de rester en contact cette fois-ci.

Vuodet kuluivat, ja **ystävyytemme** säilyi vahvana,
vaikka asuimme nyt eri puolilla maata. Pidimme yhteyttä
kirjeiden ja satunnaisten puhelinsoittojen välityksellä
ja jaoimme toisillemme kuulumisia elämästämme. Kun
hän ilmoitti menevänsä naimisiin, en ollut **yllättynyt**
- hän oli aina ollut **seikkailunhaluinen** tyyppi. Mutta
kun hän kysyi minulta, olisinko hänen morsiusneitonsa
hääseremoniassaan, joka järjestetään toisella puolella
maailmaa asuinpaikastani... se vaati vakuuttamista!
Lopulta en kuitenkaan voinut antaa parhaan ystäväni
mennä naimisiin ilman minua vierellään, joten peloistani
huolimatta (ja hänen aneltuaan sitä kovasti!) **suostuin
lähtemään** mukaan siihen, mikä osoittautui elämäni
seikkailuksi.

Hääpäivä koitti vihdoin. Minua jännitti, mutta olin
innoissani saadessani olla mukana näin tärkeässä
hetkessä ystäväni elämässä. Seremonia oli kaunis,
ja hän näytti onnelliselta vannoessaan valansa. **Sen
jälkeen** juhlimme suurissa juhlissa - tuntui siltä, että
kaikki hänen tuttunsa olivat tulleet juhlimaan hänen
kanssaan! Se oli **maaginen** päivä, jota en koskaan
unohda, ja ystävyytemme vain vahvistui tuon seikkailun
jälkeen. Nyt, vuosia myöhemmin, pidämme edelleen
yhteyttä. Olemme molemmat **muuttuneet** paljon
siitä, kun tapasimme ensimmäisen kerran, mutta
ystävyytemme on yhtä vahva kuin ennenkin.

Les années ont passé, et notre **amitié** est restée forte, même si nous vivions désormais dans des régions différentes du pays. Nous sommes restés en contact par des lettres et des appels téléphoniques occasionnels, partageant les nouvelles de nos vies respectives. Lorsqu'elle a annoncé qu'elle allait se marier, je n'ai pas été **surpris** - elle avait toujours été du genre **aventureux**. Mais lorsqu'elle m'a demandé si j'accepterais d'être sa demoiselle d'honneur à la cérémonie de son mariage qui se déroulait à l'autre bout du monde, loin de chez moi... il a fallu la convaincre ! En fin de compte, je ne pouvais pas laisser ma meilleure amie se marier sans moi à ses côtés, alors malgré mes craintes (et après qu'elle m'ait beaucoup suppliée !), j'ai **accepté de participer à** ce qui s'est avéré être l'**aventure** de ma vie.

Le jour du **mariage** est enfin arrivé. J'étais nerveux, mais excité de faire partie d'un moment si important dans la vie de mon amie. La cérémonie était magnifique, et elle avait l'air heureuse en prononçant ses vœux. **Ensuite,** nous avons fait une grande fête - on aurait dit que tous ses proches étaient venus célébrer avec elle ! C'était un jour **magique** que je n'oublierai jamais, et notre amitié n'a fait que se renforcer après cette aventure. Aujourd'hui, des années plus tard, nous restons toujours en contact. Nous avons toutes deux beaucoup **changé** depuis notre première rencontre, mais notre amitié est plus forte que jamais.

Ymmärtämisen kysymykset

1. Missä kirjailija ja hänen ystävänsä tapasivat ensimmäisen kerran?

2. Miksi kirjailijan ystävä myöhästyi tapaamisesta?

3. Mistä ystävät puhuivat, kun he tapasivat uudelleen vuosia myöhemmin?

4. Miltä kirjailijasta tuntui osallistua ystävänsä hääjuhlaan?

5. Kuvaile hääseremonian puitteita.

6. Miten näiden kahden naisen välinen ystävyys on muuttunut ajan myötä?

7. Mikä on kirjailijan unelma?

8. Minne kirjailijan ystävä aikoo matkustaa?

9. Miksi kirjailija epäröi osallistua ystävänsä hääjuhlaan?

Questions de compréhension

1. Où l'auteur et son ami se sont-ils rencontrés pour la première fois ?

2. Pourquoi l'ami de l'auteur était-il en retard à leur réunion ?

3. De quoi les amis ont-ils parlé lorsqu'ils se sont retrouvés des années plus tard ?

4. Qu'a ressenti l'auteur en assistant à la cérémonie de mariage de son amie ?

5. Décrivez le cadre de la cérémonie de mariage.

6. Comment l'amitié entre les deux femmes a-t-elle évolué au fil du temps ?

7. Quel est le rêve de l'auteur ?

8. Où l'ami de l'auteur prévoit-il de voyager ?

9. Pourquoi l'auteur a-t-elle hésité à assister à la cérémonie de mariage de son amie ?

www.ingramcontent.com/pod-product-compliance
Lightning Source LLC
Chambersburg PA
CBHW072230150726
48002CB00005B/2024